Bernd Schmitt
Schnelleinstieg
WordPress

Bernd Schmitt ist Webdesigner, Audioproducer und Fachbuchautor. Für WordPress begeistert er sich seit den Anfängen vor über 10 Jahren. Als Dienstleister bietet er auch die Erstellung von Webshops, eBooks und Audiobooks an.

Bernd Schmitt

SCHNELLEINSTIEG
WORDPRESS

ausgeschieden

FRANZIS

Bibliografische Information der Deutschen Bibliothek

Die Deutsche Bibliothek verzeichnet diese Publikation in der Deutschen Nationalbibliografie;
detaillierte Daten sind im Internet über http://dnb.ddb.de abrufbar.

Produktmanagement: Dr. Markus Stäuble
Lektorat: Ulrich Dorn
Satz und Layout: Nelli Ferderer, nelli@ferderer.de
art & design: www.ideehoch2.de
Druck: CPI-Books
Printed in Germany

ISBN 978-3-645-60404-8

INHALT

WORDPRESS INSTALLIEREN

Sie wollen allein oder in einem kleinen Team eine professionelle Webseite erstellen? Dann ist WordPress genau das richtige Programm! Ob private Webseite, Blog, Shop oder Firmenpräsenz, alles geht – und alles geht gut. Dieses Buch ist in drei Abschnitte aufgeteilt: Installation, Konfiguration und Profitipps. Und los geht's!

Willkommen in *WordPress.com*.

1.1 WordPress rockt das Web

WordPress, 2004 gestartet, hat das Bloggen, das Tagebuchschreiben im Internet, überhaupt erst populär gemacht. Nach über zehn Jahren der Weiterentwicklung hat sich das Aufgabenspektrum auf nahezu alle Einsatzbereiche von Websites erweitert. WordPress ist die Eier legende Wollmilchsau: Blog, CMS, Shop – mit WordPress läuft es einfach.

Mit WordPress lassen sich professionelle Internetpräsenzen am schnellsten, schönsten und einfachsten erstellen – auch von Nicht-Programmierern und Nicht-Designern. Sie müssen das Rad nicht neu erfinden. WordPress ist eine kostenlose Software, die jeder beliebig oft installieren darf. Und außerdem gibt es eine riesige Community, zu der Tausende Entwickler ständig neue Themes (Designvorlagen) und Plugins (Erweiterungen) beitragen.

Welche Version darf es sein?

Zum Zeitpunkt der Erstellung dieses Buchs ist WordPress bei der Version 4.2.x angelangt. Die erste Ziffer einer Version steht in anderen Programmen für größere Sprünge, bei WordPress ist das aber nicht zwingend der Fall. Die Entwickler bringen in einem grob viermonatigen Zyklus eine neue Version heraus, wobei die zweite Ziffer nie über die 9 weitergezählt wird. Die Veränderungen von 3.9 auf 4.0 waren relativ überschaubar. Bedeutender ist der Übergang von 4.0 auf 4.1. Es wurde mit *Twenty Fifteen* ein neues Standardtheme beigelegt. Der Akzent liegt im Gegensatz zum Vorgänger, dem Allzwecktheme *Twenty Fourteen*, beim Zuschnitt auf das mobile Internet. Größte Neuerung von 4.2: die Unterstützung von Emojis.

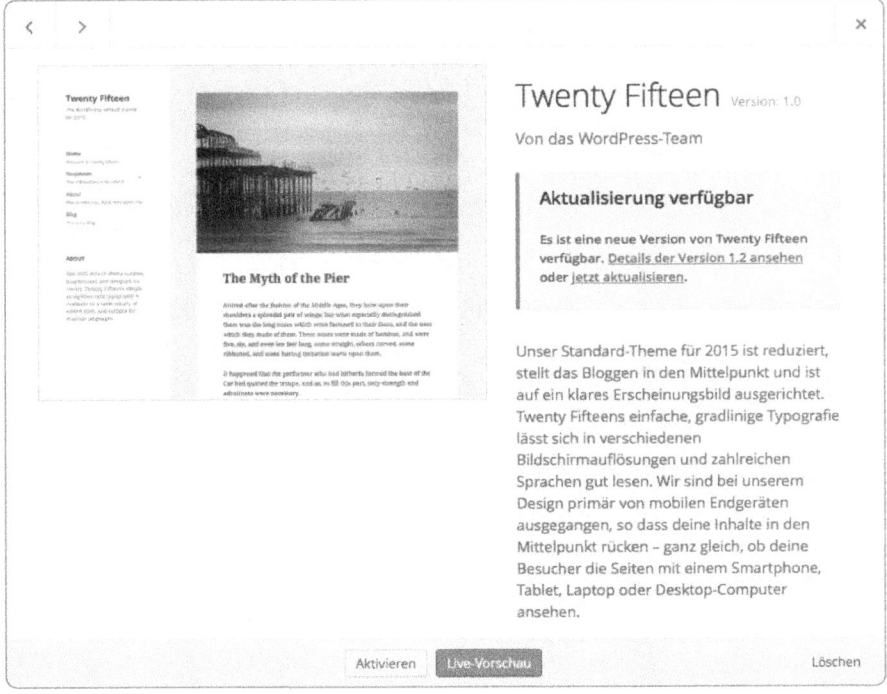

Das neue Standardtheme *Twenty Fifteen* löst *Twenty Fourteen* ab.

Das Allzwecktheme *Twenty Fourteen*.

Angenehmerweise übertreibt es WordPress in der Regel nicht mit den Veränderungen. Sie müssen sich also nicht nach jeder Aktualisierung wieder neu einlernen oder gewohnte Knöpfe an anderer Stelle suchen. Zwischen den großen Versionen erscheinen kleinere Updates, die hauptsächlich Sicherheitslücken beheben. Dafür wird eine dritte Ziffer weitergezählt. Genau genommen haben alle WordPress-Versionen eine dreistellige Versionsnummer.

Welche WordPress-Version empfiehlt sich nun für die Installation? Natürlich die jeweils aktuelle! Aus Sicherheitsgründen – und weil die jüngeren Versionen ein Mehr an sinnvollen Features bieten.

Eine Seite macht noch keine Site

Die Website der Tanzschule Mustermann mit dem Theme *Twenty Fifteen*. Sie passt sich auf
Desktop, Laptop, Tablet und Smartphone an.

SEITE ODER SITE?

Weil sich die Begriffe in der Welt des Internets oft überschneiden, sei für WordPress
und für dieses Buch in Stein gemeißelt: Eine Site bezeichnet immer die gesamte Inter-
netpräsenz. Denken Sie dabei an eine Landschaft mit Bäumen und Kühen. Eine Seite
steht dagegen für etwas Einzelnes, also den Baum oder die Kuh. Als Aufhänger für
dieses Buch dient die Tanzschule Mustermann. Sie benötigt dringend eine neue – Site!

1.2 Vorinstalliert oder eigene Installation?

Blutige WordPress-Anfänger dürfen, wenn sie wollen, erst einmal auf eine Spielwiese gehen, um sich mit dem Programm vertraut zu machen. Die bekannteste wird, mit Unterstützung der Firma Automattic, von den Entwicklern selbst betrieben. Sie ist unter der Adresse *www.wordpress.com* zu finden.

Die WordPress-Spielwiese

Auf *www.wordpress.com* müssen Sie keinen eigenen Webspace bei einem Provider anmieten und auch nichts hochladen, installieren oder aktualisieren. Nach einer kostenlosen Registrierung erhalten Sie sofort Ihre eigene WordPress-Site. Etwas mürrisch verhält sich *WordPress.com* nur bei der Eingabe Ihres Passworts. Zu kurze oder qualitativ schlechte Passwörter werden angemahnt. Aus gutem Grund, denn auf einem gehackten Account hat der ursprüngliche Besitzer alle Zugriffsmöglichkeiten verloren.

Erreichbar ist Ihre Präsenz zum Beispiel unter der URL *www.tanzschule-mustermann.wordpress.com*. Weil Sie den ersten Namensteil frei wählen können, wäre auch *www.mustermann.wordpress.com* eine Möglichkeit.

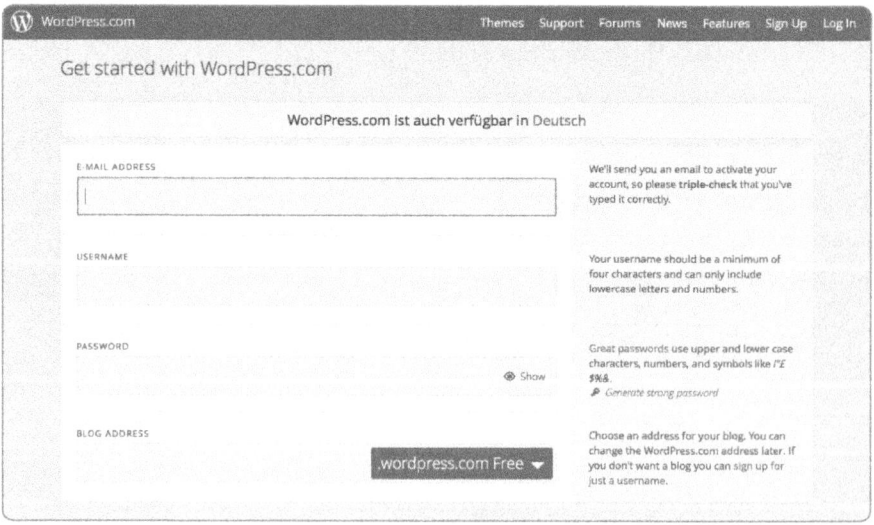

Erste Schritte mit *WordPress.com*.

Zum Einstieg ist *WordPress.com* gar nicht schlecht. Sie können viele Funktionen nach Herzenslust ausprobieren, ohne etwas kaputt zu machen. Weil sich der Dienst durch Werbebanner finanziert, ist die Nutzung in der Grundfunktion kostenlos. Bezahlen müssen Sie aber für Features, die bei einer eigenen Installation selbstverständlich sind.

Die eigene Installation

Solide und zukunftssicher entwickeln lässt sich ein WordPress-Projekt am besten mit einer eigenen Installation auf einem neutralen Webspace. Nur diese Methode bietet die volle Kontrolle und Erweiterbarkeit. Doch bevor die Tanzschule Mustermann einen Webspace anmietet, muss die Namensfrage geklärt werden!

PROVIDERANGEBOTE KRITISCH PRÜFEN

Vor allem die großen Provider zaubern immer wieder neue und exotische Word-Press-Pakete aus dem Hut. Angefangen hat es mit »1-Klick-Installationen«, vorgefertigten WordPress-Instanzen, in die Sie sich als Kunde nur einklinken müssen. Jüngster Trend sind Komplettlösungen, die als »WordPress-Hosting-Pakete« oder »Managed WordPress« angeboten werden. All diese wohlklingenden Angebote haben aber zwei Nachteile:

Sie müssen sich in providereigene Administrationsoberflächen einarbeiten und einen Teil der Kontrolle über Ihr Projekt abgeben. Für den Anfang mag das verschmerzbar sein. Aber vielleicht möchten Sie später ein bestimmtes Theme oder Plugin verwenden oder mit einem Webshop oder AdSense Geld verdienen? Dann werden Sie mit Sicherheit an die Grenzen vorgefertigter Pakete stoßen.

1.3 Überlegungen zum Domainnamen

Kennen Sie eine Website, die sich gleichwertig mit Salsa und dem Minicomputer Raspberry Pi beschäftigt? Höchstwahrscheinlich nicht.

Keine Zweideutigkeiten bitte!

Gemischtwarenläden sind im realen Leben ausgestorben – im Internet hatten sie nie eine Chance. Sie müssen sich für ein bestimmtes Thema entscheiden oder zwei Projekte starten. Wie wäre es mit einem Blog über Salsa und einer statischen Site zum Raspberry Pi? Getrennt haben beide Websites bessere Chancen.

Mit dem Domainnamen punkten

Der **Domainname** entscheidet wesentlich über den Erfolg einer Website. Machen Sie keine Experimente! Umständliche Namen und juristisch heikle Konstruktionen sind tabu. Wenig falsch machen können Sie mit Eigennamen und generischen, sprich allgemeinen Begriffen wie Schreinerei oder Tanzschule. Wenn Sie einen Eigennamen besitzen, der mit einer Firma oder einem Prominenten konkurriert, sollten Sie das Thema Markenrecht nicht auf die leichte Schulter nehmen. Sie wollen ja in Ruhe eine erfolgreiche Webpräsenz aufbauen und sich nicht in juristische Auseinandersetzungen verstricken.

Im Zweifel sollten Sie vor Projektstart juristischen Rat einholen. Immer empfehlenswert ist die kostenlose Onlinerecherche in der Markendatenbank des Deutschen Patent- und Markenamts DPMA. Sie erreichen sie unter *www.dpma.de*. Vor der endgültigen Festlegung auf einen Namen: eine Nacht darüber schlafen! So gewinnen Sie etwas Distanz. Immer hilfreich ist bei dieser wichtigen Frage auch externer Rat. Fragen Sie einfach Freunde und Bekannte, was diese spontan mit Ihrer Namensidee verbinden.

Domainnamen registrieren lassen

Den Domainnamen registrieren Sie nicht persönlich, sondern über Ihren Provider. Der übernimmt die Verwaltung, wobei Sie selbst Eigentümer bleiben. Bei einem Providerwechsel dürfen Sie den Namen also immer mitnehmen.

UMLAUTDOMAINS

Sie suchen nach einer Domain für die »Bäckerei Jörn Müller«? Umlautdomains lassen sich zwar leicht bestellen, aber von anderen Domains nur sehr umständlich verlinken. Backlinks, also die für die Suchmaschinen so wichtigen Verlinkungen auf Ihre Seite, werden damit nur schwer gewonnen. Besser ist es, wenn die WordPress-Installation auf einer URL ohne Umlaut liegt. Eine Umlautdomain sollte nur als Zusatzdomain in Betracht gezogen werden.

WordPress innerhalb der Domain platzieren

Um WordPress innerhalb der Domain zu platzieren, gibt es drei Möglichkeiten:

- *www.tanzschule-mustermann.de* – Der Normalfall. Die Domain ist identisch mit der WordPress-Installation. Für 95 % der Installationen ist dies der richtige Weg.

- *www.tanzschule-mustermann.sportclub1234.de* – Unter *www.sportclub1234.de* betreibt der örtliche Sportverein eine gut besuchte Webpräsenz. Da sich der Tanzsaal im Sporthaus befindet, soll die Tanzschule Mustermann auch im Internet mit dem Verein identifizierbar sein. Realisieren lässt sich dieser Ansatz, indem der Inhaber der Hauptdomain bei seinem Provider eine (meist kostenlose) Subdomain bestellt. Die Verzeichnisse von Tanzschule und Sportclub bleiben getrennt, es kommt also nichts durcheinander. WordPress wird nur in die Subdomain installiert.

  Einen Haken hat die Sache allerdings! Verantwortlich für alle Domains bleibt der Inhaber von *sportclub1234.de*. Sollte es einmal zu Meinungsverschiedenheiten kommen, springt der Inhaber der Tanzschule schnell im *Dreieck!*

- *www.tanzschule-mustermann.de/blog* – Die statische Website der Tanzschule Mustermann soll so bleiben, wie sie ist, ein Blog aber als Zusatzfunktion »angeflanscht« werden? In diesem Fall legen Sie, zum Beispiel unter dem Namen */blog*, ein neues Verzeichnis für WordPress an. Darin wird WordPress installiert, die bisherige Website bleibt unangetastet.

1.4 Providercheck

Ein **Provider**, auch **Webhoster** genannt, stellt Ihnen einen Platz für Word-Press auf einem Webserver zur Verfügung. Dieser Server steht wohltemperiert und gut abgesichert in einem Rechenzentrum. Betreten werden Sie diese heilige Halle voraussichtlich nie. Eben deswegen ist die Providerwahl Vertrauenssache.

Technik und Service müssen stimmen. Wenn ein Anbieter sechs Monate für null Euro verschleudert, muss er das Geld hinterher wieder reinkriegen. Gespart wird dann gern an der Serverperformance, den Serverupdates oder dem Service. So ein Lockangebot ist vielleicht für einen Testlauf annehmbar, aber nicht für ein solides Projekt. Entscheidend ist der Service, und zwar besonders im Katastrophenfall. Trotz aller Sicherheitsmaßnahmen ist keine Website zu 100 % vor Angriffen geschützt. Ein schlechter Provider schaltet die Webseite im Katastrophenfall nur ab. Ein guter hilft bei der Fehleranalyse und der Wiederherstellung.

Provider des Vertrauens erkennen

Solide Provider verzichten auf leicht bekleidete Damen in der Werbung. Oder sie übertreiben es jedenfalls nicht. Stattdessen bieten sie auf ihrer Webpräsenz Hilfeseiten, Tutorials und FAQs an. Die passenden! Zum Beispiel zum Einrichten einer MySQL-Datenbank, zum Umgang mit einem FTP-Programm, zur Änderung von Dateirechten und zum Thema *.htaccess*.

Ein gutes Indiz für die Qualität eines Providers ist, falls vorhanden, sein Kundenforum. Sehen Sie sich dort einmal in Ruhe um. Werden Fragen schnell und kompetent beantwortet, oder lässt man die Ratsuchenden hilflos im Regen stehen? Achten Sie auch auf die WordPress-Gewichtung. Existieren eigene WordPress-FAQ-Punkte oder eigene Rubriken im Forum, oder werden andere CMS stärker gewichtet? Jeder Provider hat da so seine Lieblinge.

Wenn Sie zwei oder drei Kandidaten in der engeren Auswahl haben, googeln Sie den Providernamen in Verbindung mit WordPress. Stoßen Sie auf überwiegend positive Berichte? Dann wählen Sie das geeignete Paket für Ihr Projekt.

Technische Voraussetzungen

WordPress hat bestimmte Mindestvoraussetzungen, ohne die es gar nicht installiert werden kann. Für die aktuelle Version 4.2 sind das:

- PHP ab Version 5.2.4. Empfohlen wird 5.4 oder höher.
- MySQL ab Version 5.0. Empfohlen wird 5.5 oder höher.
- Ein aktiviertes mod_rewrite-Apache-Modul.

Okay, der letzte Punkt ist keine zwingende Voraussetzung. WordPress läuft auch ohne dieses Modul, aber nicht mit Google-freundlichen URLs.

Speicherplatz für WordPress

Trotz aller Möglichkeiten zählt WordPress immer noch zu den schlanken Systemen. An die Grenze des vom Provider zur Verfügung gestellten Speicherplatzes gelangen Sie mit WordPress nur dann, wenn Sie Unmengen von Bildern und vor allem Videos in die Mediathek laden. Wenn Sie das nicht vorhaben, reicht die Webspace-Kapazität im Normalfall aus.

Sollten Sie jedoch irgendwann feststellen, dass der Speicherplatz bei normaler Verwendung voll belegt ist, hat sich wahrscheinlich Schadsoftware eingenistet. In diesem Fall beachten Sie bitte die Hinweise zur Abdichtung von WordPress und wenden sich an Ihren Provider.

PHP-MEMORY-LIMIT

Damit WordPress flüssig läuft, muss genügend Arbeitsspeicher vorhanden sein. Lassen Sie sich dabei von den Angaben der Provider nicht blenden. Es geht nicht ausschließlich darum, wie viele Speicherriegel generell im Server verbaut sind. Aussagekräftiger ist das PHP-Memory-Limit für Ihren persönlichen Webspace. Angegeben wird es in der Regel mit der Endung MB oder M.

Die absolute Untergrenze sind 32 MB, besser sind 64 MB. Wenn Sie einen Shop auf Ihrer Site integrieren möchten, sind 128 MB die Voraussetzung. Fragen Sie ruhig beim Provider nach, ob er für Ihren Webspace das PHP-Memory-Limit erhöht oder wie Sie das selbst umstellen können.

Webhostingpaket kaufen

Haben Sie sich für einen Provider entschieden? Dann wählen Sie das richtige Webhostingpaket. Bei den meisten Providern sind Sie inklusive einer oder mehrerer Domains mit etwas 5 bis 10 Euro monatlich dabei. Für den Anfang genügt ein Paket für um die 5 Euro. Aufstocken lassen sich die Pakete immer recht unkompliziert. Einen eigenen Server sollten Sie nur in Betracht ziehen, wenn Sie einen größeren Webshop betreiben möchten.

1.5 Datenbank für WordPress anlegen

WordPress funktioniert nicht ohne **Datenbank**, und es legt auch keine für Sie an. Das müssen Sie selbst in die Hand nehmen. Leider ticken hier alle Provider ein bisschen anders. Loggen Sie sich also in den Kundenbereich Ihres Providers ein und erforschen Sie dessen Tutorials und FAQs. Einige Provider bieten die Möglichkeit, den Datenbanknamen selbst zu wählen. Aus Sicherheitsgründen sind leicht zu knackende Namen wie »Tanzschule« oder »WordPress« nicht empfehlenswert. Wählen Sie hier, wie auch bei allen Passwörtern, eine für Außenstehende unsinnige Zeichenfolge.

Administration mit phpMyAdmin

MySQL-Datenbanken werden über die grafische Oberfläche **phpMyAdmin** verwaltet. Die meisten Provider haben dieses Tool vorinstalliert. Auf den Hilfeseiten des Providers ist auch die URL für den phpMyAdmin-Zugang angegeben. Für die Installation von WordPress ist es zwar nicht in jedem Fall notwendig, phpMyAdmin aufzurufen, trotzdem ist es ratsam, sich frühzeitig damit auseinanderzusetzen. Früher oder später greift jeder WordPress-Webmaster auf phpMyAdmin zurück. Jeder? Jeder!

Alle Zugangsdaten im Griff!

Im Laufe der Installation, besonders beim Anlegen der Datenbank, erhalten Sie eine Menge URLs und Zugangsdaten. Da wird es Zeit – und das gilt besonders für Messies und Chaoten –, rechtzeitig etwas Ordnung zu schaffen, zum Beispiel mit einer WoZuDaLi, einer WordPress-Zugangs-Daten-Liste. Darauf wird, sobald bekannt, Folgendes eingetragen:

- E-Mail-Adresse, die beim Provider hinterlegt wurde

- Zugangsdaten zum Kundenbereich beim Provider

- Zugangsdaten FTP

- vier Datenbankzugangsdaten (DB-Name, MySQL-DB-Benutzername, MySQL-Passwort, MySQL-Serveradresse)

- URL für phpMyAdmin

- Zugangsdaten für phpMyAdmin

- Zugangsdaten zum WordPress-Backend

- E-Mail-Adresse für das WordPress-Backend

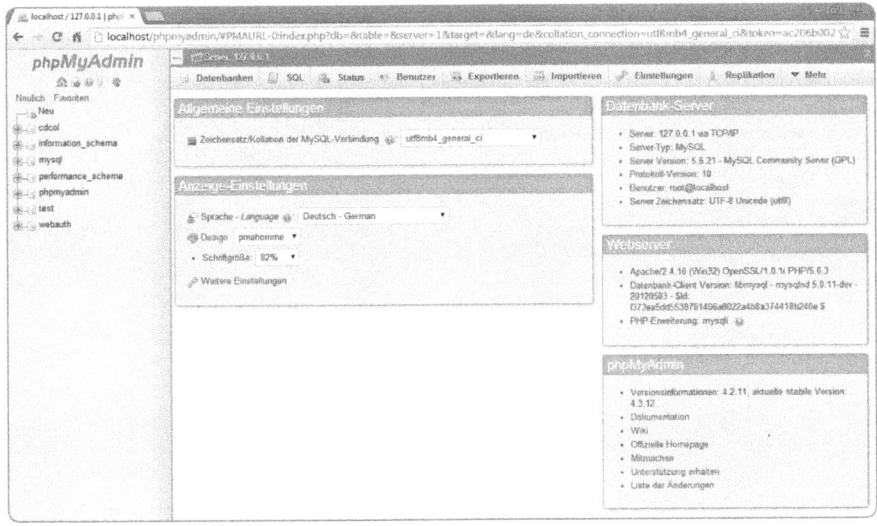

Die Oberfläche von phpMyAdmin, dem Verwaltungstool für MySQL-Datenbanken.

Abhängig vom Provider, kann es vorkommen, dass Sie unter einigen Punkten die gleichen Werte eintragen. Tun Sie es trotzdem. Es zahlt sich aus, falls die WordPress-Installation eine Fehlermeldung ausgibt oder nach einem Update Probleme auftauchen. Das Leben ist kurz. Diese einmal erstellte Systematik verkürzt die Fehlersuche von einem halben Nachmittag auf 15 Minuten!

1.6 WordPress herunterladen

WordPress ist kostenlos! Sie dürfen sich das Programm beliebig oft herunterladen und installieren. Weder für einen **Download** noch für eine Installation ist eine Registrierung notwendig. Bezahlen müssen Sie lediglich für besonders hochwertige Themes und Plugins. Für den Download von WordPress stehen zwei amtliche Quellen zur Verfügung, nämlich *WordPress.org* und der deutsche Ableger *wpde.org*.

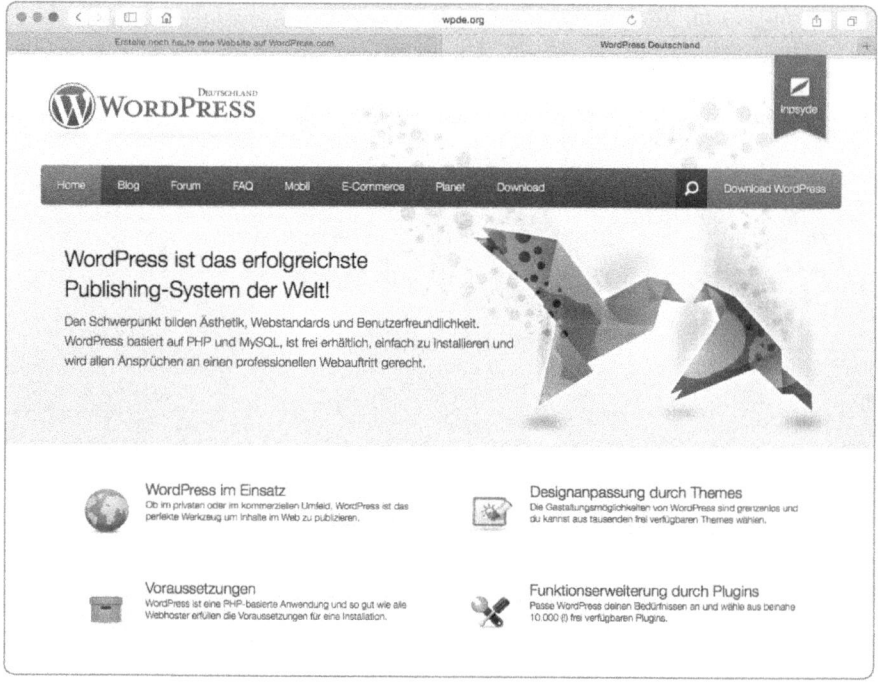

Für den Download stehen *WordPress.org* und der deutsche Ableger *wpde.org* zur Verfügung.

WordPress in deutscher Sprache

Auf der internationalen Seite *www.wordpress.org* finden Sie die Versionen für Englisch und viele weitere Sprachen. Für eine deutsche Version gehen Sie am besten auf *wwww.wpde.org*. Nicht zu übersehen ist der Downloadbutton, der zur jeweils aktuellen Version führt. Diese steht entweder als *latest-de_DE.zip* zur Verfügung oder mit einem Versionshinweis im Namen, beispielsweise als *wordpress-4.2-de_DE.zip*. In jedem Fall ist es eine Produktiv- und keine Beta-version. Sie dürfen sie also mit gutem Gefühl herunterladen.

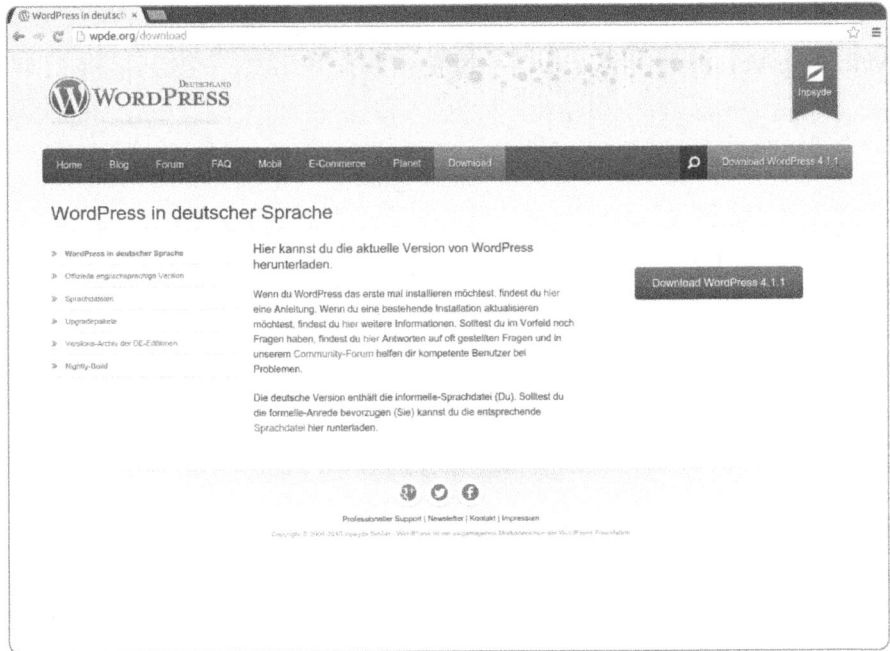

Die Downloadseite von *wpde.org*.

WordPress öffne dich!

Nach dem Anklicken des Downloadbuttons werden knapp 7 MB auf Ihren Computer heruntergeladen. Die Dateiendung *.zip* verrät, dass WordPress nicht als ausführbare Datei, sondern als Archiv vorliegt. Vor dem Hochladen auf den Server müssen Sie dieses entpacken. Kein Problem, denn die meisten Betriebssysteme können eine ZIP-Datei heute ohne Zusatzprogramme öffnen. Im Windows Explorer genügt ein Rechtsklick auf das Archiv. Wählen Sie dann aus dem aufklappenden Kontextmenü die Option, alle zu extrahieren oder zu entpacken.

Wichtige Verzeichnisse und Dateien

Nach dem Entpacken finden Sie neben dem ursprünglichen ZIP-Ordner ein neues Verzeichnis mit dem simplen Namen *wordpress*. Die Größe beträgt nun knapp 20 MB, im Vergleich zu anderen Programmen wie Joomla!, Drupal oder TYPO3 ist das immer noch beeindruckend wenig.

Öffnen Sie nun den *wordpress*-Ordner! Sie finden darin die drei Unterverzeichnisse *wp-admin*, *wp-content* und *wp-includes*. Diese kommen aber erst später ins Spiel.

Wichtiger sind zunächst drei der einzelnen Dateien. Die Lizenz und die Liesmich-Datei sollten Sie einmal grob überfliegen. Genauer unter die Lupe nehmen müssen Sie dagegen die Datei *wp-config-sample.php.* Hier werden nämlich die Zugangsdaten der zuvor angelegten Datenbank eingetragen. Erst nach dieser Eingabe kann die WordPress-Installation starten.

1.7 Die Konfigurationsdatei anpassen

Weil sie Formatierungen hinterlassen, sind umfangreiche Textverarbeitungsprogramme wie Word für das Arbeiten mit Konfigurationsdateien nicht geeignet. Benutzen Sie deshalb einen möglichst einfachen Editor. In Windows finden ein geeignetes Programm unter *Start/Zubehör/Editor*. Auf dem Mac können Sie das Programm TextEdit verwenden. Speichern Sie damit aber nur reinen Text ab. Nach dem Starten Ihres Editors öffnen Sie die Datei *wp-config-sample.php.*

Zugangsdaten eintragen

Die **Zugangsdaten** für die Datenbank haben Sie vom Provider erhalten und fein säuberlich in die »WoZuDaLi« eingetragen.

```
/** MySQL Einstellungen - diese Angaben bekommst du von deinem Webhoster. */
/** Ersetze database_name_here mit dem Namen der Datenbank, die du verwenden möchtest. */
define('DB_NAME', 'database_name_here');

/** Ersetze username_here mit deinem MySQL-Datenbank-Benutzernamen */
define('DB_USER', 'username_here');

/** Ersetze password_here mit deinem MySQL-Passwort */
define('DB_PASSWORD', 'password_here');

/** Ersetze localhost mit der MySQL-Serveradresse */
define('DB_HOST', 'localhost');

/** Der Datenbankzeichensatz der beim Erstellen der Datenbanktabellen verwendet werden soll */
define('DB_CHARSET', 'utf8');

/** Der collate type sollte nicht geändert werden */
define('DB_COLLATE', '');
```

Die Zugangsdaten in der Datei *wp-config-sample.php*.

Geändert wird die **Konfigurationsdatei** jetzt an vier Stellen:

❶ Name der Datenbank: `'database_name_here'`

❷ Ihr mySQL-Datenbankbenutzername: `'username_here'`

❸ Ihr mySQL-Passwort: `'password_here'`

❹ Die mySQL-Serveradresse: `'localhost'`

Dabei ersetzen Sie, was zwischen den beiden einfachen Anführungszeichen steht, nicht aber die einfachen Anführungszeichen selbst. Ob der Wert `local-host` geändert werden muss, hängt von Ihrem Provider ab. Der Vollständigkeit halber sind hier auch die Einstellungen für `DB_Charset` und `DB_Collate` angezeigt. Deren Werte müssen aber nur geändert bzw. eingetragen werden, wenn Sie exotische Schriftarten verwenden.

Konfigurationsdatei speichern

Nach der Änderung speichern Sie die Datei ab, und zwar unter dem neuen Namen *wp-config.php*. Achten Sie darauf, den Speicherort beizubehalten. Die *wp-config.php* befindet sich nun neben der *wp-config-sample.php* im Ordner *\wordpress*. Nachdem die Konfigurationsdatei angepasst wurde, können alle WordPress-Dateien auf den Server hochgeladen werden.

1.8 Crashkurs FTP-Programm

Okay, WordPress ist nun bereit für die Installation auf Ihrem Webspace. Weil die Dateien aber nicht von allein dort hinwandern, benötigen Sie ein FTP-Programm, genauer gesagt, einen **FTP-Client**. Die Abkürzung FTP steht für »File Transfer Protocol«. Dieses regelt den Transfer von Dateien zwischen verschiedenen Computern.

Als Alternative bieten manche Provider ein hauseigenes FTP-Programm an. Es bleibt in diesem Fall Ihnen überlassen, ob Sie sich in ein providereigenes Programm einarbeiten möchten oder in ein unabhängiges. Weit verbreitet ist der kostenlose FTP-Client FileZilla. Er läuft eigenständig auf allen Plattformen, also auf Windows, Mac OS X und Linux.

Zu Unrecht noch ein Geheimtipp ist dagegen der ebenfalls kostenlose Client FireFTP. Vielleicht liegt es daran, dass dieses kleine Tool nur als Add-on für den Browser Firefox erhältlich ist. Allein ist FireFTP nicht lauffähig.

FILEZILLA ODER FIREFTP?

Entscheidungshilfe: Wenn Sie ohnehin mit dem Firefox surfen, erweitern Sie ihn mit FireFTP. Das Tool bietet alle Funktionen, die Sie für die Installation und Datensicherung von WordPress benötigen. Um ihn Firefox hinzuzufügen, suchen Sie im Firefox-Menü nach dem Unterpunkt *Add-ons*. Geben Sie dann in die Add-on-Suchmaschine *FireFTP* ein. Gefunden? Jetzt klicken Sie auf *Add to Firefox*. So schnell ist kein anderer FTP-Client installiert!

Ebenso genial funktioniert die Einbindung in die Firefox-Architektur. Der Client arbeitet nämlich in einem eigenen Browser-Tab. Der Wechsel zwischen den Tabs von FireFTP und WordPress-Site ermöglicht eine sofortige Kontrolle der Änderungen nach dem Transfer von Dateien.

FileZilla downloaden und installieren

FileZilla kann kostenlos heruntergeladen und verwendet werden. Zur Wahl stehen, wie bereits erwähnt, ein FileZilla-Client und ein FileZilla-Server. Benötigt wird ausschließlich der Client. Auf der Herstellerseite *https://filezilla-project.org* finden Sie die Clientversionen für Windows und Mac OS X. Beim Anklicken werden Sie von dort zur Downloadseite von Sourceforge weitergeleitet.

Die ehemals noble Szenesite ist leider ein wenig in Verruf geraten. Speziell beim Herunterladen von FileZilla müssen Sie höllisch aufpassen, um sich keine unerwünschte AdWare mit einzufangen, die sich im Browser einnistet.

Den FTP-Client FileZilla von Sourceforge herunterladen. Vorsicht, AdWare!

Eine alternative Downloadmöglichkeit zu Sourceforge finden Sie im Softwareverzeichnis von *www.heise.de* – ohne AdWare!

Nur FileZilla bitte, sonst nichts! Download auf Heise.

Auge in Auge mit FileZilla

Nach dem Download installieren und starten Sie FileZilla. Das Programm wirkt auf den ersten Blick etwas überladen. Um die Funktionsweise schnell zu verstehen, betrachten Sie zunächst die vier Fenster in der Mitte. Die beiden linken Mittelfenster unterhalb von *Lokal* bilden die Verzeichnisstruktur Ihres eigenen Computers ab, die beiden rechten Mittelfenster unterhalb von *Server* Ihren Webspace. Dass FileZilla noch nicht verbunden ist, erfahren Sie im großen Fenster mit der entsprechenden Meldung.

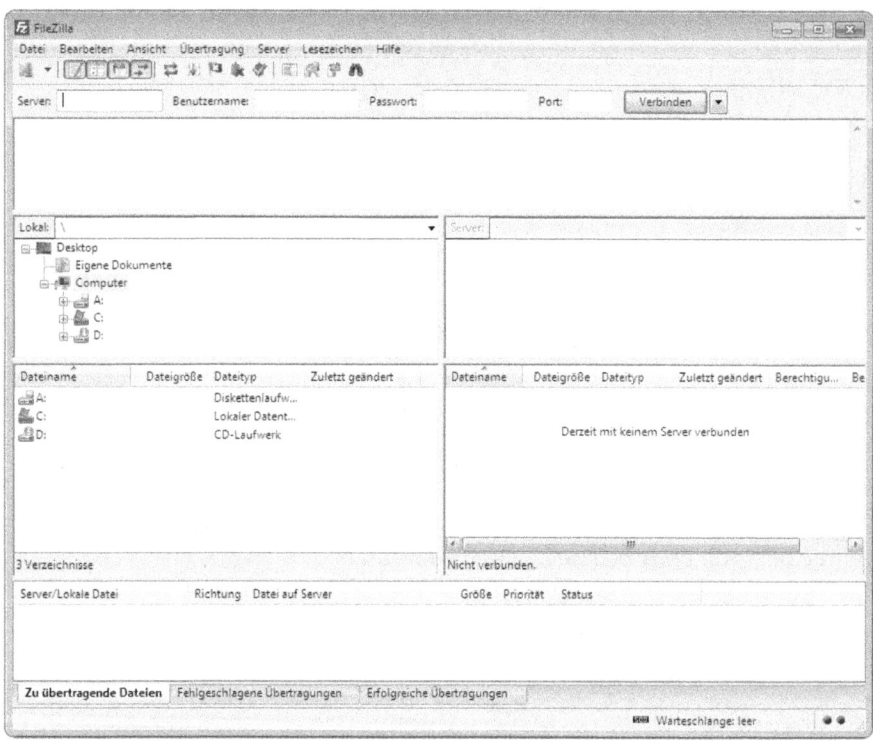

Der FTP-Client FileZilla.

Mit dem Server verbinden

Um den FTP-Client mit dem Server zu verbinden, rufen Sie links oben den *Servermanager* auf. Und wieder kommt die Zugangsdatenliste zum Einsatz. Benötigt werden FTP-Adresse, FTP-Benutzername und FTP-Kennwort. In der linken Spalte des Managers können Sie jedem Server einen eigenen Namen zuweisen. Praktisch ist das, um mehrere Projekte zu verwalten. Rechts geben Sie die Zugangsdaten ein. Verändern Sie nur die drei Felder *Server*, *Benutzer* und *Passwort*. Dann klicken Sie auf *OK* zum Speichern des Serverprofils und gehen auf *Verbinden*.

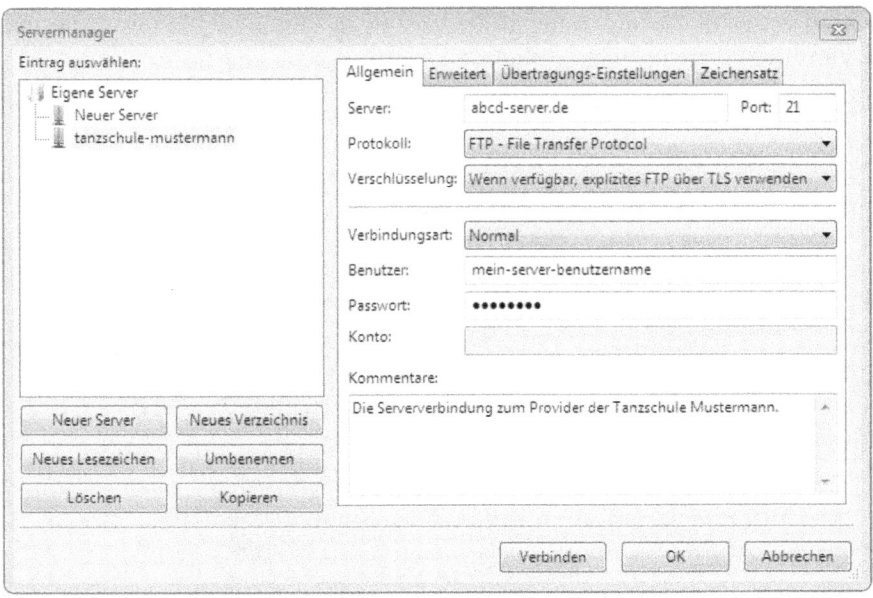

FTP-Zugangsdaten im *Servermanager* eingeben.

1.9 WordPress hochladen

Die FTP-Verbindung steht? Dann wählen Sie im FTP-Client die richtigen Verzeichnisse aus.

Zielordner wählen

Links benötigen Sie das geöffnete WordPress-Verzeichnis auf dem eigenen Computer, rechts das Zielverzeichnis auf dem Server. Im Backend Ihres Providers haben Sie die Zuweisung von URL und Verzeichnis definiert. Falls nicht, können Sie auch noch schnell über den FTP-Client einen Ordner erstellen und ihn später beim Provider mit der URL verbinden. Für unser Projekt wurde der Zielordner *tanzschule-mustermann* angelegt.

Da kommt WordPress jetzt hin!

WORDPRESS-UPLOAD AUF DEN SERVER

Markieren Sie alle Dateien innerhalb des WordPress-Ordners auf Ihrem Computer und starten Sie das Hochladen (Upload). Die Übertragung der Dateien auf den Server lässt sich mit einem kleinen Bierchen ganz gut mitverfolgen.

Je nach Internetverbindung dauert die Angelegenheit ein paar Minuten oder ein Viertelstündchen. Nachdem die Übertragung abgeschlossen ist, sollten Sie noch einmal kurz die Verzeichnisse links und rechts überprüfen.

Alles sieht gleich aus, und die *wp-config.php* ist auch im Boot? Gut, nach all dem Vorgeplänkel beginnt endlich die eigentliche Installation. WordPress wirbt ja immer mit der berühmten »5-Minuten-Installation«. Das stimmt – ab jetzt!

Lokal: C:\Users\otto\Downloads\wordpress\

- Downloads
  - book_store
  - com_dfcontact_1.5.4
  - phpBB3
  - Template chooser
  - wordpress

Dateiname	Dateigröße	Dateityp	Zuletzt geändert
wp-admin		Dateiordner	18.03.2015 02:26:21
wp-content		Dateiordner	18.03.2015 02:26:15
wp-includes		Dateiordner	18.03.2015 02:26:34
index.php	418	PHP File	25.09.2013 01:18:12
license.txt	19.930	Textdokument	12.02.2015 01:35:22
liesmich.html	8.389	Firefox Docum...	17.03.2015 12:00:16
readme.html	7.195	Firefox Docum...	12.02.2015 01:35:22
wp-activate.php	4.951	PHP File	20.08.2014 18:30:16
wp-blog-header.php	271	PHP File	08.01.2012 17:01:12
wp-comments-post.php	5.008	PHP File	26.11.2014 20:17:24
wp-config-sample.php	3.396	PHP File	17.03.2015 12:00:16
wp-config.php	3.386	PHP File	20.03.2015 02:57:09
wp-cron.php	2.956	PHP File	13.05.2014 05:39:14
wp-links-opml.php	2.380	PHP File	24.10.2013 23:58:24
wp-load.php	2.714	PHP File	07.07.2014 17:42:16
wp-login.php	33.435	PHP File	16.12.2014 22:19:22
wp-mail.php	8.252	PHP File	17.07.2014 10:12:16
wp-settings.php	11.115	PHP File	18.07.2014 10:13:16
wp-signup.php	25.152	PHP File	30.11.2014 21:23:24
wp-trackback.php	4.035	PHP File	30.11.2014 21:23:24
xmlrpc.php	3.032	PHP File	09.02.2014 20:39:12

18 Dateien und 3 Verzeichnisse. Gesamtgröße: 146.015 Bytes

Server: /html/tanzschule-mustermann

- files
  - html
    - cgi-bin
    - dahin-kleine-terz
    - dahin-ubumu
    - tanzschule-mustermann

Dateiname	Dateigröße	Dateityp	Zuletzt geändert	Berechtigu...	Besitzer/Gr...
			Leeres Verzeichnis		

Leeres Verzeichnis

WordPress auf den Server hochladen.

1.10   Installation starten

Um die Installations-URL aufzurufen, hängen Sie *wp-admin/install.php* an Ihre Adresse an. Für die Tanzschule Mustermann ergibt sich dann die URL *www.meine-wpseite.de/wp-admin/install.php*.

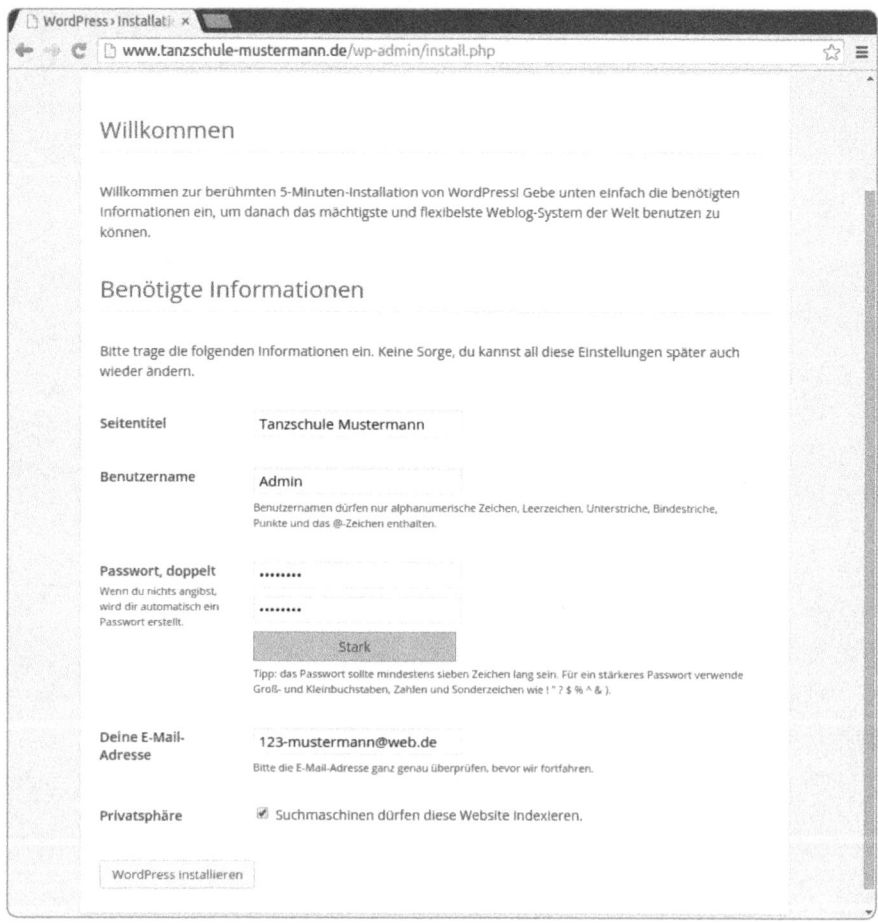

Die berühmte 5-Minuten-Installation von WordPress.

Installationsskript ausführen

Es meldet sich der Installationsassistent und fragt allerlei Informationen ab. Den Seitentitel können Sie spontan eingeben, er lässt sich später einfach ändern.

- Den *admin* als Benutzernamen belassen Sie zunächst, dieser Zugang wird sowieso später ersetzt.

- Das *Passwort* notieren Sie ebenso in der Zugangsdatenliste wie die E-Mail-Adresse, die Sie für Ihre Website vergeben.

Den Haken unten bei *Suchmaschinen dürfen diese Webseite indexieren* lassen Sie gesetzt. Die Seite soll ja schließlich von Google, Bing und Konsorten erfasst und angezeigt werden.

Installation abschließen

Nach dem Klick auf den Button *WordPress installieren* unten ist die ganze Angelegenheit auch schon beendet. Hoch die Tassen! Wer Erfahrungen mit anderen CMS-Programmen hat, stellt erfreut fest, wie flott das bei WordPress von der Hand geht.

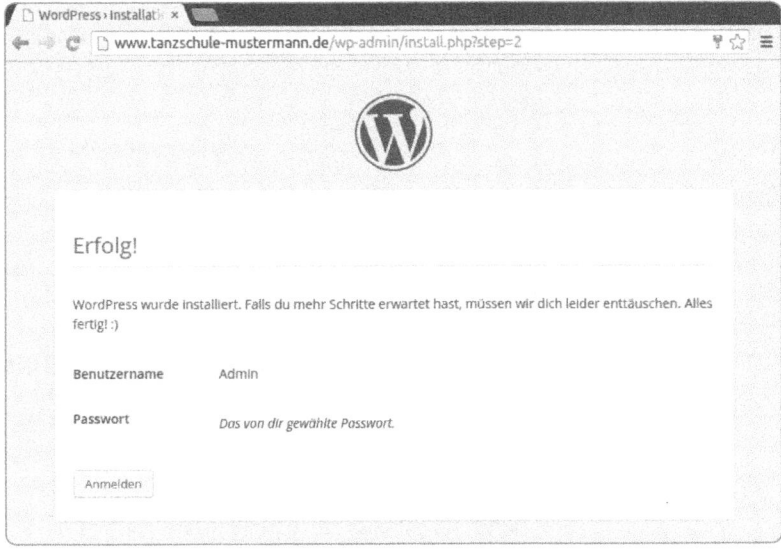

Installation beendet – WordPress läuft.

Ansichtssache: Frontend und Backend

Wie jedes moderne CMS- oder Blogsystem trennt auch WordPress zwischen den Ansichten von **Frontend** und **Backend**. Als Admin haben Sie immer zwei Möglichkeiten, Ihre Website anzusteuern.

- Zum Frontend gelangen Sie über *www.tanzschule-mustermann.de*. In dieser Ansicht nehmen Sie die Perspektive Ihrer Besucher ein. Außerdem sehen Sie, falls Sie eingeloggt sind, zusätzlich eine schwarzen Leiste am oberen Bildrand.

META

Anmelden

Beitrags-Feed (RSS)

Kommentare als RSS

WordPress.org

Das WordPress-Frontend frisch nach der Installation.
Genau so wird Ihre Website den Besuchern angezeigt.

- Wenn Sie darauf links oben klicken, gelangen Sie ins Backend. Falls Sie nicht eingeloggt sind, erreichen Sie das Backend über *www.tanzschule-mustermann.de/wp-admin/*.

Verschiedene Wege führen ins Backend. Wenn Sie etwas nach unten scrollen, erscheint in der linken Spalte das META-Widget. Mit einem Klick auf den ersten Eintrag *Anmelden* gelangen Sie zum Login für die Administration: *www.tanzschule-mustermann.de/wp-admin/*.

Was der gewöhnliche User nicht sieht und auch nicht sehen soll, befindet sich im Backend von WordPress. Hier kommt man zur Kommandobrücke. Aufgerufen wird sie unter *www.tanzschule-mustermann.de/wp-admin/*.

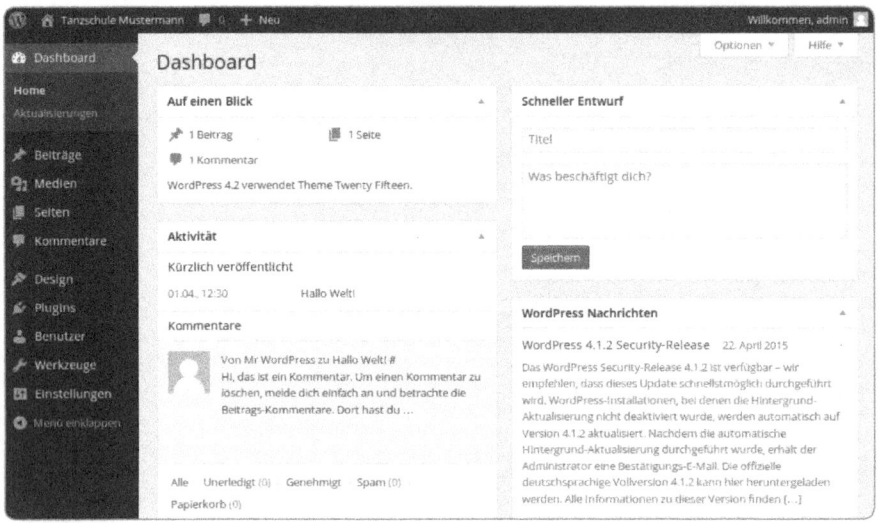

Das *Dashboard*, die Startseite des Backends.

2.1   Das Backend – willkommen auf der Brücke!

Der Bereich ist durch einen Log-in-Screen abgesichert, der die Eingabe von Name und Passwort verlangt. Wenn Sie länger mit WordPress arbeiten und den Computerarbeitsplatz für sich allein haben, setzen Sie einen Haken vor *Angemeldet bleiben*. Sollten Sie Ihr Passwort vergessen haben, können Sie über den Log-in-Screen ein neues anfordern. WordPress verschickt es an die von Ihnen bei der Installation angegebene E-Mail-Adresse.

Das Dashboard im Überblick

Das **Dashboard**, die Startseite des Backends, ist nicht wirklich kompliziert aufgebaut – im Verhältnis zu anderen Systemen geradezu entspannen. Nach dem Einloggen als Administrator finden Sie oben und links jeweils eine Menüleiste. In der Mitte, unter der Rubrik *Auf einen Blick*, erscheinen nach der Installation *1 Beitrag, 1 Seite* und *1 Kommentar*. Diese Beispieltexte erleichtern den Einstieg in die wesentlichen Elemente. Bei längerer Arbeit mit WordPress werden Sie diese schnelle Information auch als Erfolgskontrolle zu schätzen wissen.

AB WANN LOHNT EINE MONETARISIERUNG?

Wenn Sie als Blogger mit 500 Beiträgen mehr als 1.000 Kommentare erzielt haben, läuft die Sache, und Sie sollten über eine Monetarisierung nachdenken.

Aufgaben des Backends

Neben dem Erstellen von Texten in Form von Beiträgen, Seiten und Kommentarantworten werden sämtliche Konfigurations- und Verwaltungsarbeiten über das Backend ausgeführt: Themes auswählen, Plugins installieren, Menüs zusammenstellen. Und natürlich WordPress updaten und sichern.

Viele dieser Backend-Aufgaben lassen sich mit den entsprechenden Apps (WordPress for iOS bzw. WordPress for Android) auch über mobile Geräte durchführen. Sie können WordPress also sogar von einer Berghütte aus administrieren – ein gutes Netz vorausgesetzt.

Ob vom heimischen PC aus oder mit dem Smartphone unterm Gipfelkreuz – los geht es mit dem Menüpunkt *+ Neu* in der oberen Leiste. Hier können Sie Beiträge und Seiten erstellen.

2.2   Beitrag oder Seite? – Sie müssen sich entscheiden!

Um einen Text auf die Website zu bringen, kennt WordPress grundsätzlich zwei Möglichkeiten: entweder *Beitrag* oder *Seite*.

- **Beiträge** sind charakteristisch für den Einsatz von WordPress als Blog. Jeder Beitrag wird automatisch mit Datum, Uhrzeit und Kategorie versehen. Außerdem kann und sollte er von Ihnen mit Schlagwörtern bestückt werden. Der jeweils neueste Beitrag schiebt die älteren nach unten.

- **Seiten** hingegen sind weniger aktuell und typisch für ein CMS (Content Management System). Sie werden ohne die oben genannten Zusatzinformationen dargestellt. Aufgerufen werden sie über Menüs.

Zwei Seiten sollten auch dann angelegt werden, wenn WordPress als reines Blog betrieben wird, nämlich das Impressum und ein kleiner, persönlicher Hinweis auf Sinn und Zweck der Website. Keinen Unterschied zwischen *Beitrag* und *Seite* macht die Kommentarfunktion, Sie können bei beiden Textarten in gleicher Weise mit Ihren Besuchern kommunizieren.

Einen Beitrag erstellen

❶ Um Ihren ersten Beitrag zu erstellen, müssen Sie eingeloggt sein. Dies ist der Fall, wenn Sie rechts oben auf der schwarzen Leiste Ihren Benutzernamen lesen. Unerheblich ist, ob Sie sich dabei im Frontend oder Backend befinden. Klicken Sie jetzt links oben auf der schwarzen Leiste den Menüpunkt *+ Neu* an.

Einen *Neuen Beitrag erstellen*.

❷ Es klappt ein Menü nach unten auf. Hier wählen Sie *Beitrag*. Es erscheint der WordPress-Texteditor. Dass Sie auch wirklich im Beitragsmodus gelandet sind, erkennen Sie am Hinweis *Neuen Beitrag erstellen*.

❸ Im oberen einzeiligen Feld tragen Sie den Titel (die Überschrift) ein, im unteren Hauptfeld den Text.

❹ Klicken Sie dann rechts auf den großen Button *Veröffentlichen*. Sie landen zwar wieder im Editor, finden aber oberhalb des Überschriftenfelds die Meldung *Beitrag veröffentlicht* und den Link *Beitrag ansehen*. Klicken Sie diesen an, um den Beitrag im Frontend aus der Perspektive Ihrer Besucher zu betrachten.

Speziell für Sie eingeblendet bleibt der Link *Bearbeiten* am Ende des Beitrags. Haben Sie einen Tippfehler entdeckt oder möchten noch etwas hinzufügen? Dann drehen Sie schnell eine »zweite Runde«. Über den Link gelangen Sie zurück in den Editor.

Eine Seite erstellen

❶ Klicken Sie wieder auf *+ Neu*. Diesmal wählen Sie aber nicht den Menüpunkt *Beitrag* aus, sondern *Seite*. Erneut erscheint der Editor. Dass Sie im Seitenmodus gelandet sind, erkennen Sie am Hinweis *Neue Seite erstellen*.

❷ Auch hier geben Sie Titel und Text ein und klicken auf *Veröffentlichen*. Über dem Titelfeld erscheint *Seite veröffentlicht* und der gewohnte Link *Seite ansehen*. Wenn Sie dem Link folgen, sehen Sie die Seite aus der Benutzerperspektive.

Das Impressum

Eine Seite ist in jedem Fall Pflicht: die **Impressum**-Seite. Grundsätzlich müssen dort Ihr Name, die komplette Anschrift, Telefonnummer und E-Mail-Adresse stehen und, falls Sie ein Gewerbe betreiben, noch mehr. Das gilt natürlich besonders, wenn Sie mit WordPress einen Webshop betreiben. Informieren Sie sich hierzu, bevor Sie irgendetwas verkaufen.

Die Impressum-Seite sollte auch im Menü als solche erkennbar sein. Geben Sie deshalb als Seitenname nicht »Info« oder »Hallöchen« ein, sondern »Impressum« oder zumindest »Kontakt«.

Seiten, Unterseiten und Menüs

Ab einer größeren Anzahl von Seiten kann es schnell unübersichtlich werden. Ordnung schaffen Haupt- und Unterseiten. Die Tanzschule Mustermann braucht mindestens drei Hauptseiten für Kurse, Workshops und Partys. Die Kurshauptseite führt zu den Unterseiten für Flamenco, Salsa, Standard, Swing und Tango.

Das voreingestellte Theme *Twenty Fifteen* ist sehr spartanisch konzipiert. Ein Menü muss erst eingerichtet werden – ohne dieses kann eine Seite nicht vom Besucher aufgerufen werden.

2.3   WordPress als Blog betreiben

Nach der Installation ist WordPress als klassisches Blogsystem eingerichtet. Rechts oben im Veröffentlichungsfenster können Sie einen Beitrag als Entwurf speichern, in einer Vorschau betrachten, speichern und natürlich veröffentlichen, damit er im Frontend sichtbar wird. Jeder neue Beitrag erscheint nach der Veröffentlichung direkt oben auf der Startseite. Ältere Beiträge rutschen weiter nach unten.

Beiträge oben halten

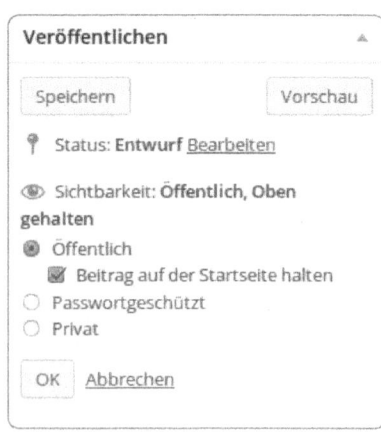

Ebenfalls im *Veröffentlichen*-Fenster bietet sich die Möglichkeit, das »Abrutschen« eines Beitrags zu verhindern. Hinter der Schaltfläche *Sichtbarkeit* verbirgt sich die Checkbox *Beitrag auf der Startseite halten*. Setzen Sie einen Aktivierungshaken, um einen wichtigen Beitrag an der ersten Position zu belassen. Was jünger ist, wird darunter einsortiert. Das Feature lässt sich auch für mehrere Beiträge einsetzen.

Je nach Theme treten oben gehaltene Beiträge zusätzlich durch eine spezielle Optik hervor.

Beitrag an der ersten Stelle anheften.

Beitragsbilder nutzen

In der rechten Spalte etwas weiter unterhalb des Veröffentlichungsfensters können Sie einem Beitrag ein spezielles **Beitragsbild** zuweisen. Dieses besondere und vom Theme abhängige Feature unterscheidet sich etwas vom normalen Einfügen eines Bilds.

Bild als *Beitragsbild* zuweisen.

Optisch ausgereift zeigt sich das Standardtheme *Twenty Fifteen*. Das Bild erscheint oberhalb der Überschrift. Beim Überfahren mit der Maus erzeugt die Anhebung der Helligkeit einen schönen Effekt. Zum näheren Betrachten ist ein Beitragsbild allerdings nicht vorgesehen – im Gegenteil. Bei Artikeln, die mit einem Teaser unterteilt sind, verschwindet es beim Anklicken.

Das Beitragsbild wird von *Twenty Fifteen* noch oberhalb des Beitragstitels platziert.

URHEBERRECHTLICH BEDENKLICH: PRESS THIS

Nur der Vollständigkeit halber sei auf das Feature *Press This* hingewiesen, das im Dashboard über *Werkzeuge/Verfügbare Werkzeuge* zu finden ist. Damit lassen sich ähnlich wie bei Facebook fremde Inhalte sehr schnell in das eigene Blog übernehmen, und zwar über die Favoritenleiste des Browsers.

Das Ganze ist so gedacht: Ein WordPress-Admin entdeckt auf einem fremden Blog etwas Interessantes, klickt auf *Press This* und – so ist es im WordPress-Backend zu lesen – kann es »bearbeiten und noch etwas hinzufügen«, um es dann zu speichern und als Beitrag zu veröffentlichen.

Urheberrechtlich ist diese Methode mehr als bedenklich. Sie dürfen weder fremde Texte noch fremde Bilder »einfach so« in Ihre Website übernehmen. Nötig ist in den meisten Fälle eine Kontaktierung des betroffenen Autors.

2.4 WordPress als CMS betreiben

Nachrichten von gestern will niemand lesen. WordPress sollten Sie nur dann als Blog betreiben, wenn Sie regelmäßig neue Beiträge produzieren. Falls nicht, ist ein **CMS** die bessere Lösung. Es gibt aber noch andere Gründe für die Umstellung:

- Eine Site für ein Büro oder eine Praxis wirkt als CMS seriöser als ein Blog.

- Große Mengen von Informationen lassen sich in einer statischen Site mit Menüs besser anordnen und auffinden als in einem Blog.

- Sie betreiben einen Webshop mit WordPress und möchten die Site nicht überfrachten. Wenn die Besucher shoppen und nicht schmökern sollen, ist ein CMS meist die bessere Wahl.

Statische Seite als Startseite

Eine etwas sperrige Terminologie verwendet das sonst so benutzerfreundliche WordPress für die Umstellung auf den CMS-Modus. Die Einstellung heißt *Statische Startseite*. Zwei Wege führen zum Ziel. Entweder gehen Sie über *Einstellungen/Lesen/Startseite* oder über *Design/Themes/Anpassen*.

Standardmäßig ist *Deine letzten Beiträge* aktiviert, also der Blogmodus. Nachdem Sie den Radiobutton vor *Eine Statische Seite* angeklickt und die Einstellung abgespeichert haben, läuft WordPress als CMS. Anschließend können Sie eine bestimmte statische Seite als Begrüßungsseite auswählen. Das kann jede Seite sein, die Sie erstellt haben.

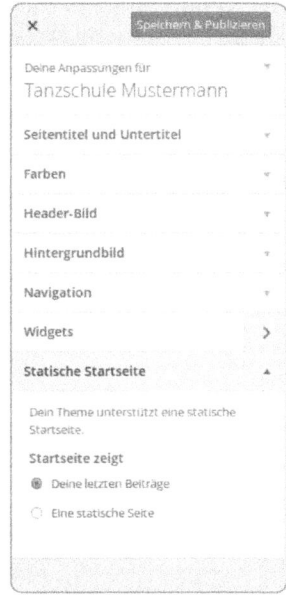

Zwischen den letzten Beiträgen (Blogmodus) und einer statischen Seite (CMS-Modus) auswählen.

Hauptseiten und Unterseiten

Beim Anlegen von Seiten finden Sie rechts neben dem Editor das Fenster *Attribute*. Im ersten Feld *Eltern* ist standardmäßig *Hauptseite (keine Übergeordnete)* angegeben. Es bleibt Ihnen überlassen, ob Sie schon beim Anlegen von Seiten Zuweisungen vornehmen. Notwendig ist das aber noch nicht. In der Menüverwaltung können Sie die Seitenhierarchie sehr bequem verwalten.

Im *Attribute*-Fenster rechts neben dem Editor lassen sich Seiten hierarchisieren und Seiten-templates auswählen.

Seitentemplates nutzen

Das Standardtheme *Twenty Fifteen* unterstützt die Funktion der Seitentemplates nicht! Wählen Sie also ein anderes Theme, zum Beispiel das ebenfalls installierte *Twenty Fourteen*, um dieses Feature zu nutzen.

Klicken Sie im *Attribute*-Fenster auf das Dreieck neben dem voreingestellten *Standardtemplate*, um eine Auswahl zu treffen. Hilfreich sind Templates, um besondere Seiten darzustellen.

EIN BEISPIEL

Die Tanzschule Mustermann will eine Sonderseite einrichten mit einem großen Stundenplan, der alle Angebote von Montag bis Sonntag auflistet. Um die sieben Spalten übersichtlich darzustellen, wird eine Menge Platz benötigt. Zu viel für das Standardtemplate mit einer oder mehreren Sidebars.

Jetzt schlägt die Stunde des Seitentemplates! Gebraucht wird für diese Sonderseite das Template *Seite mit voller Breite*. Es blendet die Sidebars aus. Für die Stundenplanseite steht nun genug Platz zur Verfügung. Positiver Nebeneffekt: Die aus dem starren Gerüst ausgebrochene Seite wirkt auch optisch interessant.

Experimentieren Sie mit verschiedenen Seitentemplates, um das Erscheinungsbild Ihrer Site ganz allgemein etwas aufzulockern.

2.5   Der Editor

Sobald Sie einen neuen Beitrag oder eine neue Seite erstellen, öffnet sich automatisch der **Editor**, das Texteingabefenster von WordPress. Sie können aber auch im Dashboard auf *Beiträge* bzw. *Seiten* klicken, um sich alles anzeigen zu lassen, was bisher erstellt wurde. Gehen Sie dann in der Übersicht auf denjenigen Text, den Sie nachbearbeiten möchten. In einem frisch installierten WordPress lädt der legendäre Beitrag *Hallo Welt!* dazu ein, die Schaltflächen ein bisschen auszuprobieren.

Texte fürs Web erstellen

Auf den ersten Blick erinnert der Editor zwar an die üblichen Textverarbeitungsprogramme wie Word oder OpenOffice, die Formatierungsmöglichkeiten unterscheiden sich aber. Während sich gewöhnliche Textzeilen fest positionieren lassen, fließt ein HTML-Text von links oben ins Bild. Die Zeilenlänge ändert sich je nach Bildschirmgröße und Auflösung. Kommen Sie also nicht auf die Idee, Trennungsstriche einsetzen. Mit hoher Wahrscheinlichkeit landen diese auf den Anzeigegeräten nicht da, wo sie hingehören.

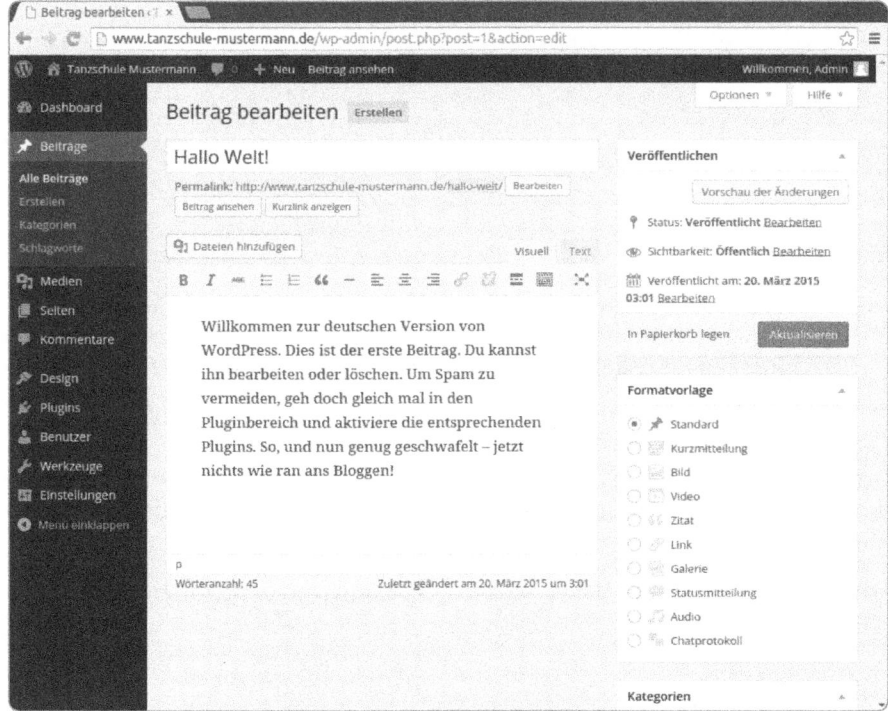

Beitrag im Editor bearbeiten.

Textbearbeitungswerkzeuge

Sie erhalten zunächst einige Schaltflächen, die aus den Textbearbeitungspro-grammen bekannt sind oder deren Bedeutung sich schnell erschließt. Von links nach rechts sehen Sie Symbole für Fettschrift, Kursivschrift, durchge-strichene Schrift, Zitate sowie zum Einfügen einer horizontalen Linie und zur Ausrichtung von Absätzen. Im Beispiel oben wurde der Wochentag fett her-vorgehoben.

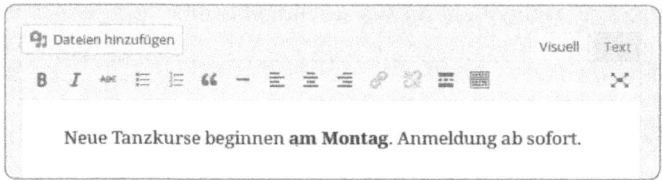

Die Textbearbeitungswerkzeuge.

Links einfügen

Um einen **Link** zu setzen bzw. wieder aufzuheben, benötigen Sie die Schalt-flächen mit der Kette. Nachdem Sie ein oder mehrere Wörter markiert und auf die geschlossene Kette geklickt haben, öffnet sich das Linkfenster.

Im Beispiel führt ein externer Link, erkennbar am vorangestellten *http://*, auf die Tangoseite der Wikipedia. Der gesetzte Haken bewirkt, dass sich im Browser des Besuchers ein neues Fenster bzw. ein neuer Tab öffnet. Bei exter-nen Links bleibt der Besucher so gleichzeitig auf Ihrer Site, wenn er den Link anklickt.

Für interne Links ist der Haken unsinnig. Ein Klick auf die geöffnete Kette hebt einen Link wieder auf.

Link einfügen und *ändern.*

Weiterlesen ... wir bauen einen Teaser

Das Werkzeug rechts von den beiden Ketten bedarf einer kleinen Erklärung: Ein neuer Beitrag erscheint auf der Startseite von WordPress immer ganz oben. Wenn er aber etwas länger ausfällt, verdrängt er die älteren so weit nach unten, dass sie nur noch mit Mühe bzw. Scrollen entdeckt werden können. Was tun, um Salsakurs, Tango-Workshop und Tanzparty möglichst gleichwertig auf der Startseite darzustellen?

Dafür gibt es **Teaser**. Bekannt ist diese Technik von Zeitungen und aus dem Fernsehen. Kleine Ausschnitte sollen neugierig auf mehr machen.

 Das *Weiterlesen*-Werkzeug trennt zwischen Teaser und Text.

In WordPress werden Teaser mit dem *Weiterlesen*-Werkzeug erstellt. Wählen Sie das Symbol mit den zwei Teilen und der gestrichelten Linie aus. Dann klicken Sie dort in den Text, wo Teaser und Haupttext getrennt werden sollen.

Durch das Prinzip der Anrisstexte verbessert sich die Platzaufteilung auf der Website. So kann jede Zielgruppe sofort mit einem interessanten Artikel bedient werden. Die eingefügte Trennung zwischen dem Teaser und dem weiteren Text wird durch die unterbrochene Linie und den Hinweis *MORE* angezeigt.

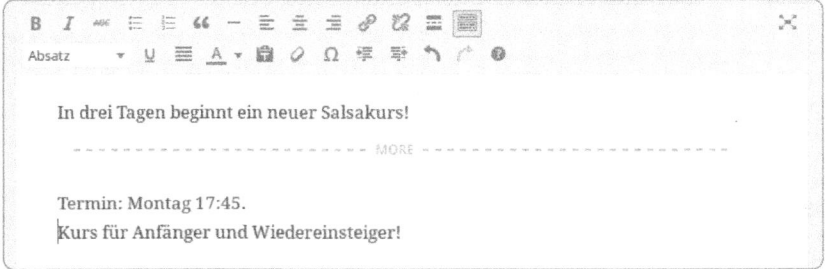

Die Trennung zwischen Teaser und Haupttext wird durch die unterbrochene Linie ---*MORE*--- angezeigt.

Auf dem obigen Bild sind auch sämtliche Schaltflächen des Editors zu sehen. Eingeblendet wird die zweite Reihe über das Symbol rechts neben dem *Weiterlesen*-Werkzeug. Wenn Sie sich beim Schreiben durch die vielen Symbole abgelenkt fühlen, löst die Schaltfläche ganz rechts außen in der ersten Reihe das Problem. Der Editor präsentiert sich dann ganz ohne störende Buttons. WordPress nennt dieses Feature *Ablenkungsfreies Schreiben*.

Überschriften, Absätze und Farben

In der zweiten Zeile der Werkzeugleiste verbergen sich gleich links im Dropdown-Menü die Einstellungsmöglichkeiten für **Überschriften** und **Absätze**. Die Überschriften lassen sich, wie es die HTML-Konvention vorschreibt, in sechs verschiedenen Größen darstellen. Rechts daneben befinden sich die Schaltflächen für unterstrichenen Text, Blocksatz und die Auswahl der Textfarbe.

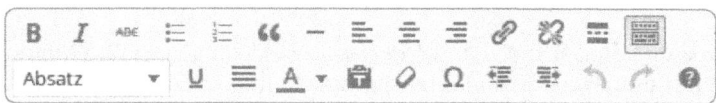

Die komplette Werkzeugleiste des Editors.

TEXTABSÄTZE AUSRICHTEN

Bei der Ausrichtung von Absätzen sollten Sie auch die Benutzer von Smartphones im Hinterkopf behalten. Auf den kleinen Displays verursacht der Blocksatz ein sehr unnatürliches Schriftbild. Im Zweifelsfall bleiben Sie bei der üblichen linksbündigen Ausrichtung.

Texte einfügen, Sonderzeichen und Einrückungen

Die Schaltfläche mit dem *T* ermöglicht es, Texte ohne Formatierungen in den Editor zu importieren. Nützlich ist diese Funktion, wenn Sie zum Beispiel einen Text aus Word übernehmen möchten. Nachträglich lassen sich Formatierungen auch mit dem Radiergummi rechts davon entfernen.

Sonderzeichen verbergen sich hinter der Schaltfläche mit dem Ω (Omega). Die zwei letzten Werkzeugpaare sind wieder selbsterklärend: Damit werden Absätze eingerückt bzw. Arbeitsschritte rückgängig gemacht oder wiederhergestellt.

Umschalten in die Codeansicht

In der Praxis kommt es immer wieder einmal vor, dass ein Text im Editor nicht ganz das tut, was er soll. Um schnell einen Fehler zu finden und zu beheben, wechseln Sie oben rechts vom Register *Visuell* zu *Text*. Treffender als Text wäre wohl die Bezeichnung HTML-Code, denn nun sehen Sie den Text einschließlich der ihn umgebenden HTML-Tags.

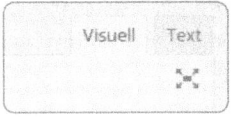

Wechsel zwischen visueller Ansicht und HTML-Code.

Medien einfügen und ausrichten

Im Printbereich werden lange Textseiten auch »Bleiwüsten« genannt. Attraktiv wird Ihr Projekt erst mit den passenden **Medien** – sprich Bildern, Videos und Audiodateien. Klicken Sie im Editor zunächst auf die Stelle, an der das Medium eingefügt werden soll, und dann auf die Schaltfläche *Dateien hinzufügen* oberhalb der Werkzeugleiste.

Nun landen Sie in der **Mediathek**. Wählen Sie von dort ein Bild aus oder laden Sie ein Bild in die Mediathek hoch. Falls nötig, klicken Sie das Bild an, um die Größe zu ändern oder es auszurichten. Es wird dann oben eine Werkzeugleiste eingeblendet.

Mit den Anfassern am Bildrand lässt sich die Bildgröße ändern. Die Buttons oben ordnen die Position von Bild und Text zu. In der Abbildung aktiviert ist die erste Option. Jetzt erscheint das Bild links und der Text rechts daneben.

Bild links, Text rechts
Bild links, Text rechts
Bild links, Text rechts
Bild links, Text rechts
Bild links, Text rechts
Bild links, Text rechts
Bild links, Text rechts

Bildgröße ändern, Bild und Text ausrichten.

WordPress-Galeriefunktion

Wenn Sie einem Beitrag gleich mehrere Bilder zuordnen möchten, sollten Sie die eingebaute Galeriefunktion nutzen. Gehen Sie wie beim Einzelbild auf *Dateien hinzufügen*, dann aber auf *Galerie erstellen*. Klicken Sie anschließend auf die gewünschten Bilder aus der Mediathek. Diese werden nun mit einem Haken rechts oben markiert.

Danach gehen Sie auf *Neue Galerie erstellen* und *Galerie einfügen*. Für umfangreiche Galerien und Fotoblogs empfiehlt sich der Einsatz eines speziellen Galerie-Plugins.

Formatvorlagen

In der rechten Spalte neben dem Editor finden Sie ein in der Praxis nicht so häufig gebrauchtes Feature, nämlich die **Formatvorlagen**. Normalerweise ist der erste Punkt (*Standard*) eingestellt. Es hängt von Ihrem Theme ab, wie stark sich die speziellen Vorlagen auf die Optik eines Beitrags auswirken. Sinnvoll ist der Einsatz dieses Features, wenn Sie einen Beitrag besonders hervorheben wollen, der zum Beispiel ausschließlich ein Zitat oder einen Link enthält.

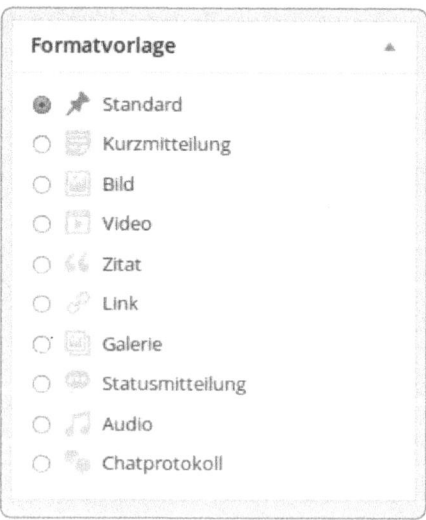

Mit Formatvorlagen lässt sich die Optik von Beiträgen gestalten.

2.6   Medien

Bilder und mehr finden Sie links im Dashboard unter dem Menüpunkt **Medien** – allerdings nur solche, die Sie selbst dort hochgeladen haben. Frisch nach der WordPress-Installation ist das Verzeichnis wüst und leer.

Medien hochladen

Nach einem Klick auf *Datei hinzufügen* erscheint das Uploadfeld. Medien können Sie entweder wie üblich hochladen oder per Drag-and-drop direkt vom Bildschirm in das gestrichelte Feld ziehen. Die maximale Dateigröße für den Upload kann durch den Provider beschränkt werden. Im Beispiel beträgt sie gigantische *200 MB*. Ausschöpfen sollten Sie sie für Bilder natürlich nicht, denn die entsprechenden Ladezeiten würden die Besucher nicht erfreuen.

Mit einer Größe von maximal 0,1 MB pro Bild sind Sie dagegen auf der sicheren Seite. Falls Sie das Limit für ein Video überschreiten müssen, können Sie es auch per FTP in das richtige Verzeichnis der Mediathek hochladen. In den meisten Fällen ist aber eine Videoverlinkung die bessere Lösung, und dies völlig unabhängig von der Größe des Clips.

Medien in die Mediathek laden.

WordPress sortiert alle Medien in nach Monaten benannte Ordner ein. Um das Prinzip zu verstehen, gehen Sie am besten den Weg über einen Beitrag: Schreiben Sie einen Beitragstext und laden Sie dazu ein Bild hoch. Daraufhin legt WordPress die für die Mediathek relevanten Verzeichnisse *uploads, 2015* sowie den Monatsordner an. Nun ist auch die Mediathek einsatzbereit, und Sie können weitere Medien »auf Vorrat« hochladen.

Bildinformationen hinzufügen

Das erste Bild ist hochgeladen. Mit einem Klick auf das Vorschaubild in der Mediathek öffnet sich ein großes Fenster mit dem Namen *Dateianhang-Details*. Hier können Sie die üblichen Bildinformationen hinzufügen.

Bildinformationen hinzufügen.

- *Titel* – Hier können Sie den Titel des Bilds ändern, er wird auf der Seite selbst aber direkt nicht sichtbar.

- *Beschriftung* – Dieser Text wird direkt unter dem Bild angezeigt. Lassen Sie das Feld einfach leer, wenn keine Bildunterschrift gewünscht ist.

- *Alternativtext* – Dieses Feld bitte immer ausfüllen. Auch dieser Text wird nicht angezeigt, erfüllt aber zwei wichtige Aufgaben: Blinde Leser erhalten den Alternativtext als Information über das Bild und ebenso die Suchmaschinen.

- *Beschreibung* – Die Bedeutung dieses Felds ist innerhalb der Word-Press-Community von Mythen umrankt. Mit den drei bisher genannten Möglichkeiten sind ja eigentlich alle Arten von Bildinformationen abgedeckt. Möglicherweise erfüllt es ähnliche Funktionen wie der Alternativtext. Es bliebt Ihnen überlassen, ob Sie das Beschreibungsfeld nutzen.

BILDFORMATE FÜRS INTERNET UND FÜR EFFEKTE

Für das Internet sind nur schlanke und standardisierte Bildformate sinnvoll. Kommen Sie also nicht auf die Idee, ein Bild im Photoshop-Format PSD hochzuladen. Word-Press nimmt dieses Format gar nicht an. Geeignet sind die drei Webformate GIF, JPG und PNG.

Am häufigsten verbreitet ist zwar JPG, aber für Extras müssen Sie auf die beiden anderen zurückgreifen. Interessante Effekte lassen sich mit transparenten Bildern erzielen, hinter denen der Seitenhintergrund durchscheint. Das Format PNG-24 ist dafür bestens geeignet, weil der Übergang zwischen Bild und Hintergrund in einer für das Auge stufenlosen Transparenz erfolgt. Mit GIF können Sie nicht nur transparente Bilder herstellen, sondern auch kleine Animationen.

Bilder bearbeiten

Natürlich kann WordPress kein Bildbearbeitungsprogramm ersetzen, aber manche Aufgaben lassen sich damit sehr effektiv erledigen. Beispiel: Das Bild mit Frank Sinatra soll für einen Swing-Workshop der Tanzschule Mustermann werben. Allerdings verbraucht das Hochformat wertvollen Platz. Gehen Sie unterhalb des Fotos auf *Bild bearbeiten*.

Links über dem Bild befinden sich die Bearbeitungswerkzeuge. Hier können Sie das Foto beschneiden, um 90 Grad im oder gegen den Uhrzeigersinn drehen sowie vertikal und horizontal spiegeln. In der rechten Spalte finden Sie bei den *Miniaturbild-Einstellungen* voreingestellt die Option *Alle Bildgrößen*. Behalten Sie diese am besten bei, damit die Änderungen für alle Verwendungszwecke wirksam werden.

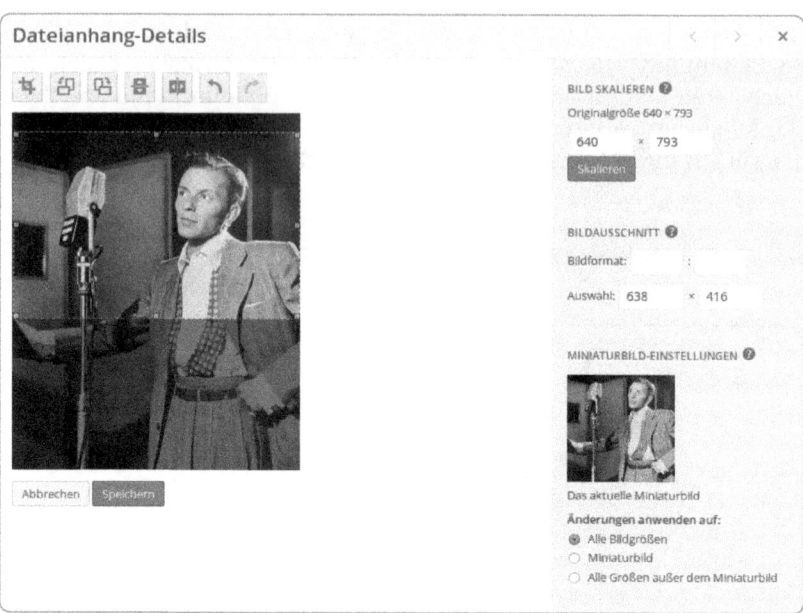

Die WordPress-Bildbearbeitung im Einsatz.

Mit dem Beschneidungswerkzeug
wurde der Bildausschnitt festgelegt.

Mithilfe des Beschneidungswerkzeugs wurde ein Bildausschnitt selektiert. Jetzt noch speichern, damit die Änderungen wirksam werden. Gut sieht Frank »The Voice« aus, und viel Platz verbraucht er auch nicht. Dieses Bild kann nun einem oder mehreren Beiträgen zugewiesen werden. Das gilt natürlich auch für Seiten.

Frank Sinatra Workshop

Swing ist das Ding! Mit dem Sound von "The Voice" Frank Sinatra startet unser Swing-Workshop am Wochenende! Anmeldungen für Singles und Paare ab jetzt im Büro der Tanzschule Mustermann.

Das beschnittene Bild im Beitrag.

Durch das Querformat bleibt der Artikel auch ohne Scrollen lesbar, Überschrift, Foto und Text bilden eine Einheit. Das Swing-Wochenende kann kommen!

Audiodateien

Die meisten WordPress-Admins laden Audio- und Videodateien nicht in die Mediathek, sondern verlinken lediglich zur gewünschten Datei auf YouTube und anderen Portalen. Es kann aber auch Gründe geben, alles lokal zu speichern.

Beispiel: Der Tanzlehrer hat ein Audiofile mit Walzerfiguren besprochen. Es soll abgerufen werden, ohne die Besucher auf fremde Seiten zu lotsen. Das Audiofile verhält sich in WordPress nicht anders als ein Bild. Es kann beim Erstellen eines Beitrags oder direkt in die Mediathek hochgeladen werden.

In den dazugehörigen *Dateianhang-Details* ist unten *Eingebundener Medien-Player* voreingestellt. Damit wird der Walzer über den integrierten Player abgespielt. Sie brauchen also kein extra Audio-Plugin zu installieren.

Der WordPress-Audioplayer ist eingebettet.

Bei den Informationen zur Audiodatei können Sie *URL, Titel, Künstler, Album, Beschriftung* und *Beschreibung* angeben. Für eine rechtlich unbedenkliche Eigenproduktion werden diese aber selten alle benötigt. Beachten Sie bitte das Urheberrecht. Nach dem Einfügen in den Beitrag findet der Besucher einen einfachen Player mit den üblichen Bedienelementen für Start, Pause und Lautstärke vor. Den Walzer linksherum ohne Druck vom Tanzlehrer üben? WordPress macht es möglich!

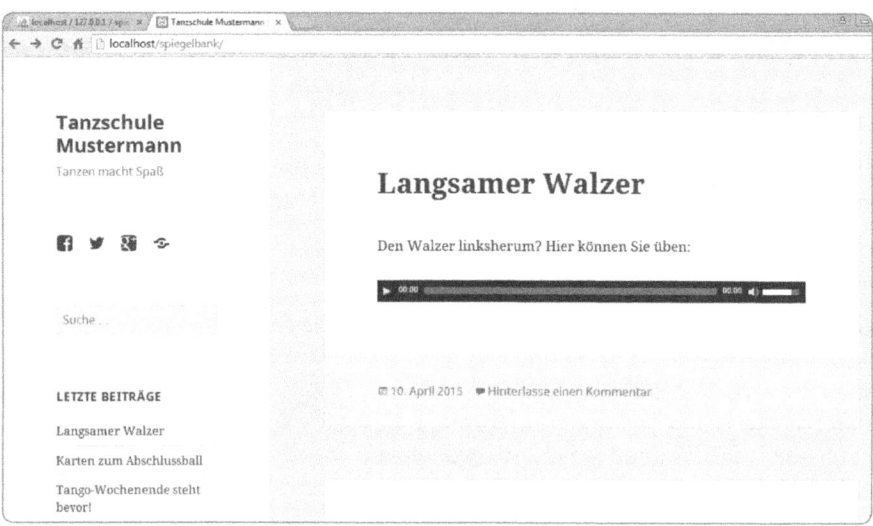

In einen Beitrag eingebettete Audiodatei, abspielbar mit dem integrierten WordPress-Audioplayer.

Videos einbinden

Auch Videos lassen sich in die Mediathek laden und direkt von WordPress abspielen, empfehlenswert ist dies aber nur in Ausnahmefällen. Die Dateien sind relativ groß und stellen eine gewisse Anforderung an die Serverhardware. Dazu kommt noch das Formatproblem: Nicht jedes Videoformat lässt sich mit jedem Browser aufrufen.

Sie müssten die Clips in mehreren Formaten parallel bereitstellen. Um all diese Probleme zu umgehen, bietet sich die Auslagerung auf eine Plattform wie YouTube an. Weil die Plattform von Google aufgekauft wurde, können Sie ohne weitere Registrierung mit Ihrem Google-Konto darauf zugreifen. Falls Sie noch keines haben: Als Webmaster werden Sie sich früher oder später eines zulegen.

Das Einbinden eines YouTube-Videos gehört zu den Features, die im Laufe der WordPress-Entwicklung immer wieder vereinfacht wurden. Sie müssen heute nur noch auf die YouTube-Seite gehen und die gesamte URL des gewünschten Videos herauskopieren. Dann fügen Sie diese in eine eigene Zeile Ihres Beitrags im Editors ein, klicken auf *Aktualisieren* und *Beitrag ansehen* – fertig.

Um das Video genau an eine bestimmte Stelle zu bugsieren, können Sie embed-Tags verwenden. Das Ergebnis sieht beispielsweise so aus:

```
[embed]http://www.youtube.com/watch?v=abcd0815-7[/embed]
```

Für die embed-Tags spielt es keine Rolle, ob Sie im Editor visuell oder im Textmodus arbeiten. Mit dem Drücken des *Veröffentlichen*-Buttons haben Sie das Video eingebunden. Perfekt funktioniert das direkte Einbinden auch mit Vimeo, DailyMotion und weiteren großen Plattformen. WordPress erweiterte die Liste der unterstützten Videoquellen mit jeder neuen Version.

KICKSTARTER EINBINDEN

Auch die Kickstarter-Einbindung wird direkt unterstützt. Sie möchten einer Crowdfunding-Kampagne auf die Sprünge helfen? Das funktioniert mit WordPress ganz einfach: Kampagnen-URL kopieren und in einen WordPress-Beitrag einfügen. Fertig. Damit ist das Kampagnenvideo auch schon integriert und lässt sich direkt in WordPress anschauen. Wer mehr wissen möchte, gelangt über das eingeblendete Kickstarter-Logo auf die Kampagnenseite. PS: Seit Mai 2015 ist die Plattform auch für deutsche Projekte verfügbar.

Halt! – Das Urheberrecht

Die Zeiten sind vorbei, in denen man als Admin schnell ein Bild gegoogelt und auf der eigenen Site eingebaut hat. Bei allen Bildern, die Sie hochladen oder verlinken, sollten Sie das **Urheberrecht** im Auge behalten. Im Zweifelsfall fragen Sie beim Fotografen nach oder schießen Ihre Aufnahmen selbst. Dabei dürfen Sie aber keine direkt erkennbaren Personen ohne deren Einwilligung knipsen. Erlaubt sind lediglich Aufnahmen einer Menschenmasse, bei der die einzelnen Personen schwer zu identifizieren sind. Sie müssen also für eine Totalansicht von Neuschwanstein nicht alle Japaner wegscheuchen.

Das obige Foto von Frank Sinatra darf übrigens von jedermann verwendet werden. Es stammt aus dem Fundus der US-Library of Congress. Zu finden und korrekt als gemeinfrei deklariert ist es ebenfalls in der Wikipedia.

Aufs Glatteis können Sie auch mit YouTube-Videos geraten. Weil diese in der Regel nicht bei den Seitenbetreibern auf dem Server liegen, fällen die Gerichte unterschiedliche Urteile zur Verantwortung. Es bleibt Ihnen überlassen, ob und welche Videos Sie einbinden oder nicht.

Und bei selbst gedrehten Clips? Seien Sie davor gewarnt, zur Untermalung Musik zu verwenden, die bei der GEMA registriert ist – darunter fallen ungefähr 99,99 % der Stücke, die im Radio gespielt werden. Eine ganz schlechte Idee ist es auch, bei den Verwertungsgesellschaften registriertes Audiomaterial auf der eigenen Seite abzuspielen. Das gilt sogar für Ihre eigene Interpretation von »Smoke On The Water«. Mozart und Bach hingegen dürfen Sie hemmungslos auf der Heimorgel vertonen. In Deutschland endet die Schutzfrist 70 Jahre nach dem Tod des Komponisten.

STOCKFOTOS

Wenn Sie schnell relativ preisgünstige und professionelle Grafiken und Bilder für Ihre Website benötigen, bietet sich auch der Einsatz von Stockfotos an. Der Begriff leitet sich aus dem englischen Wort für »Vorrat« ab. Große Agenturen wie Fotolia, iStockphoto oder Shutterstock bieten einen reichhaltigen Fundus an typischen Bildern an, die Sie gegen Gebühr auf Ihrer Site verwenden dürfen.

Aber auch hier müssen Sie sich mit den rechtlichen Dingen auseinandersetzen. Lesen Sie die jeweiligen FAQs und Lizenzbedingungen genau durch, um unliebsame Überraschungen zu vermeiden. Fast alle Agenturen verlangen einen Hinweis auf den Fotografen, unterschiedliche Vorgaben gibt es jedoch zum Ort der Kennzeichnung – Impressum oder direkt am Bild.

2.7 Kommentare – ja bitte!

Wenn Sie WordPress als Blog betreiben, ist der Austausch mit den Besuchern das Salz in der Suppe. **Kommentare** sind die »Leserbriefe« zu Ihren Beiträgen. Mit der Menge an Lob und Kritik steigt Ihr Ruf im Web. Idealerweise heimsen Sie natürlich mehr Lob als Kritik ein. Wichtig ist dafür der richtige Umgangston.

Mein Blog, meine Fans, meine Kommentare

Höfliche Webmaster beantworten die Kommentare ihrer Besucher möglichst schnell, kompetent und mit einer gewissen Nachsicht für scheinbar dumme Fragen. Nicht jeder Leser hat den gleichen Wissensstand, und eine Stammleserschaft lässt sich mit hilfreichen Antworten auf grundlegende Fragen gut aufbauen.

Amtlich verboten ist es für den Admin, einen Fragesteller mit »schau halt bei Google nach« abzufertigen, besonders in der Aufbauphase eines Blogs! Seien Sie lieb zur Fanbase, und sie wird wachsen.

Kommentarfunktion einstellen

Unter *Einstellungen/Diskussion* gelangen Sie zu den Grundeinstellungen für Kommentare. In einem frisch installierten WordPress ist die Kommentarfunktion für jede Seite und jeden Beitrag aktiviert. Um einen Kommentar zu hinterlassen, muss der Besucher auch einen Namen und eine E-Mail-Adresse eingeben. Einen Kompromiss zwischen Sicherheit und Userfreundlichkeit finden Sie unten beim letzten Haken.

Aktiviert ist die Einstellung, dass ein Autor bereits einen genehmigten Kommentar geschrieben haben muss, damit er direkt veröffentlichen kann. Für ein neues Blog können Sie ein bisschen mit dieser Einstellung experimentieren und den Haken probeweise deaktivieren. Voraussetzungen sind allerdings ein Antispam-Plugin und die Beachtung der WordPress-Sicherheitshinweise. Außerdem sollten Sie dann die Kommentare täglich kontrollieren.

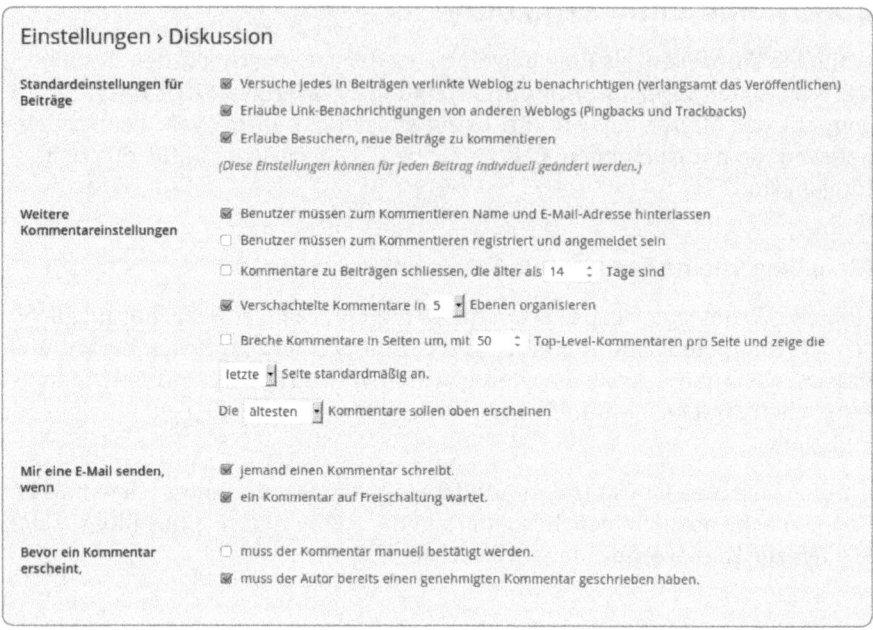

Standardeinstellungen für Kommentare.

Kommentare bearbeiten und löschen

Manchmal kommt es vor, dass Besucher Dinge hinterlassen, die Sie so nicht haben möchten, zum Beispiel eine persönliche Telefonnummer. In diesem Fall sollten Sie den Kommentar bearbeiten, dabei aber eine gewisse Sensibilität walten lassen. Immerhin greifen Sie in einen fremden Text ein. Üblich ist es, im editierten Text eine Nachricht zu hinterlassen: »Telefonnummer aus Datenschutzgründen entfernt« wäre im genannten Fall angemessen.

Offensichtlichen Spam, also unerwünschte Werbung und Links zu dubiosen Angeboten, sollten Sie immer sofort löschen. Ansonsten wächst schnell nach und vertreibt die seriöse Leserschaft.

Im Dashboard gelangen Sie links über den Menüpunkt *Kommentare* zu einer dreispaltigen Übersicht aller Kommentare. Links ist der Autor angegeben, in der Mitte befindet sich der Kommentartext und rechts der betreffende Beitrag bzw. die betreffende Seite. Hier können Sie mehrere Kommentare gleichzeitig löschen. Die Kommentarfunktion funktioniert für statische Seiten und Beiträge gleichermaßen.

Kommentare beantworten

Wenn Sie auf den *Antwort*-Button klicken, wird Ihr Text später etwas eingerückt dargestellt. So sieht der Fragesteller, dass Sie sich genau auf seinen Kommentar beziehen. Sie möchten stattdessen lieber eine Mitteilung an die Allgemeinheit loswerden? Dann verwenden Sie *Kommentar hinzufügen*. Dieser wird dann ohne Einrückung präsentiert.

ACHTUNG, TROLLE! NICHT FÜTTERN!

Jeder Admin kennt sie: Menschen, die nur deshalb Kommentare abgeben, um andere zu nerven. Sie blockieren jede ernsthafte Diskussion und verbreiten irgendwann beleidigende und rechtswidrige Inhalte. Hier gilt die berühmte Regel: Nicht füttern! Wenn Sie sich auf das Spiel einlassen, fühlen sich die Trolle bestätigt. Sie gewinnen an Stärke!

Und irgendwann werden Sie nachts zum Pistolenduell im Wald aufgefordert. Besser ist es, einen Troll schon im Frühstadium davon zu überzeugen, dass Sie seiner nicht ebenbürtig sind. Verweisen Sie ihn möglichst unauffällig auf ein geeignetes Forum für Präastronautik, Nostradamusforschung und Hohlwelttheorie. Dort findet er geeignete Nahrung und Kameradschaft.

Diskussionen schließen

Es ist zwar erfreulich, wenn Ihre Besucher viele Kommentare zu einem Thema hinterlassen, aber schnell können solche Diskussion auch ausarten. Wenn es persönlich beleidigend oder rechtlich bedenklich wird, hilft nur noch die Beendigung der Debatte. Sie können für jeden Beitrag und jede Seite die Kommentarfunktion einzeln deaktivieren. Von vornherein sollten Sie das für bestimmte Seiten wie die Impressum-Seite erledigen. Leider hat WordPress dieses Feature ziemlich fies versteckt. Notwendig sind drei Schritte. So geht's:

① Rufen Sie zunächst den betreffenden Beitrag bzw. die betreffende Seite im Backend auf. Dann klicken Sie oben rechts unterhalb der schwarzen Leiste auf *Optionen*.

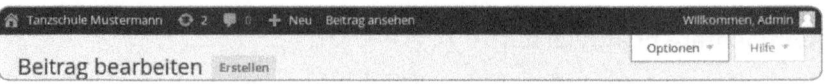

Optionen – der Schlüssel zur beitrags- und seitenspezifischen Kommentareinstellung.

② Es klappt ein Feld mit verschiedenen Checkboxen auf. Unter der Rubrik *Zeige auf dem Bildschirm* müssen Sie das Häkchen vor *Diskussion* aktivieren.

In den *Optionen* muss das Häkchen vor *Diskussion* gesetzt sein, auch um Diskussionen beenden zu können!

③ Weiter geht es im Feld unterhalb des Texteditors. Dort erscheinen die Checkboxen *Kommentare erlauben* und *Erlaube Trackbacks und Pingbacks auf dieser Seite*. Und erst an dieser Stelle definieren Sie, ob Kommentare und Trackbacks, angezeigte Verlinkungen auf Ihre Seite, erlaubt sind. Mit dem Entfernen des Hakens verschwindet die Kommentareingabemöglichkeit. Bestehende Kommentare bleiben allerdings erhalten. Diese müssen Sie manuell entfernen.

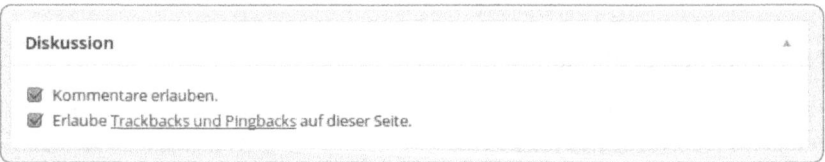

Erst in diesem Feld unterhalb des Editors können Diskussionen erlaubt oder beendet werden.

Avatare

In der Kommentarverwaltung von WordPress finden Sie beim Herunterscrollen verschiedene Optionen für die Darstellung von **Avataren**, den kleinen mehr oder weniger persönlichen Bildchen neben den Kommentaren. Voreingestellt ist die *Geheimnisvolle Person*, es handelt sich hierbei um den im Internet weitverbreiteten »Typ vor der grauen Wand«. Die Beibehaltung der Standardeinstellung empfiehlt sich besonders für Webseiten, die auf eine hohe Seriosität bedacht sind.

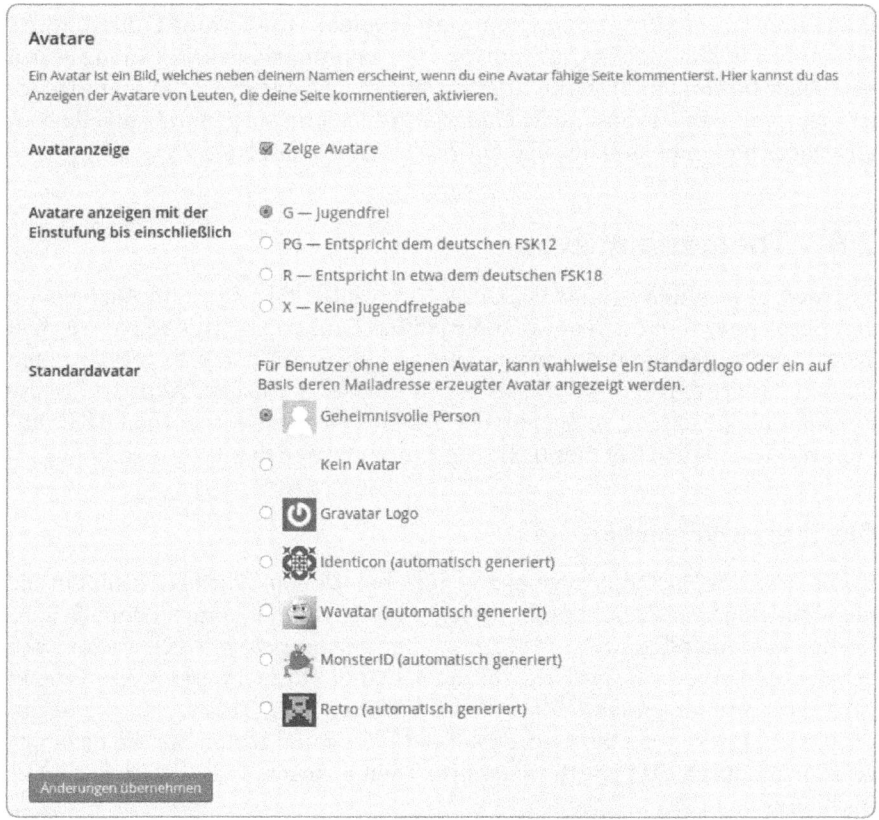

Die *Avatare*-Verwaltung von WordPress.

Für die Tanzschule Mustermann kann man etwas lockerer an die Sache herangehen und eines der unten angezeigten Avatar-Sets wählen. Die *MonsterID* ist wohl eher für Gamer geeignet, aber das *Retro*-Set hat eine Chance verdient. Weil die Sets verschiedene Kommentare eines Nutzers mit dem gleichen Avatar bestücken, werden die Diskussionen übersichtlicher. Der Flirtfaktor und damit auch die Verweildauer auf der Seite steigt, wenn Autoren und Kommentare schnell zugeordnet werden können. Das gefällt auch den Suchmaschinen.

Aus der Reihe tanzt die Option *Gravatar Logo*. Gravatar ist ein Internetdienst, bei dem der Nutzer ein persönliches Bild hinterlegen und auf verschiedenen Blogs und Foren verwenden kann. Das Problem ist allerdings, dass Sie als Seitenbetreiber keinen Einfluss auf die Bildgestaltung haben. Rechnen Sie also bei dieser Option mit diversen Überraschungen. Es muss nicht immer jugendfrei sein, was bei Gravatar hochgeladen wurde. Wenn Sie generell auf alle Avatare verzichten möchten, wählen Sie die Option *Kein Avatar*.

2.8   Themes einsetzen

Themes bestimmen primär die Optik Ihrer Seite: das Ein- und Ausblenden von Bereichen, aber auch die grundlegenden Funktionen. Auf einem frischen WordPress finden Sie drei vorinstallierte Themes mit den selbsterklärenden Namen *Twenty Fifteen*, *Twenty Fourteen* und *Twenty Thirteen*. Aktiv ist *Twenty Fifteen*. Eine Mischung verschiedener Themes ist nicht vorgesehen. Die Aktivierung eines neuen Themes deaktiviert automatisch den Vorgänger.

Die Themes-Verwaltung

In die Themes-Verwaltung gelangen Sie über *Design/Themes*. Nachdem Sie die Maus über ein Vorschaubild bewegt haben, werden verschiedene Schaltflächen eingeblendet. In der Mitte erscheint *Theme-Details*. Nach einem Klick erhalten Sie einen »Steckbrief«, mit dem sich die Brauchbarkeit fürs Projekt ganz gut einschätzen lässt. Mehr Spaß macht es aber, Themes direkt auszuprobieren. Klicken Sie dazu unten auf *Aktivieren* und testen Sie die drei mitgelieferten durch. Das jeweils aktivierte Theme springt in der Ansicht immer nach links oben.

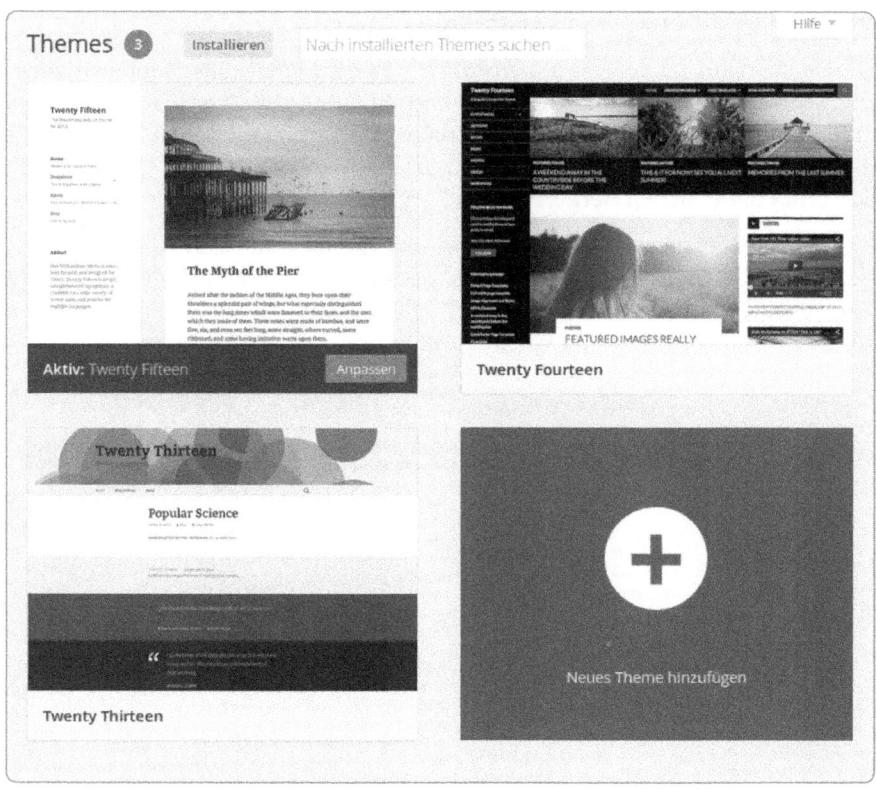

Vorinstallierte Themes in der Themes-Verwaltung.

Die Live-Vorschau

Eine Alternative zur Aktivierung bietet die **Live-Vorschau**. Sie ermöglicht es, ein installiertes, aber nicht aktives Theme zu testen. Praktisch ist dieses Feature für laufende Projekte, weil Sie sich damit durch Themes wühlen können, ohne Ihre aktuellen Besucher zu verwirren. Erst mit einem Klick auf die Schaltfläche *Speichern & Aktivieren* wird aus der *Live-Vorschau* ein aktives Theme.

Das Standardtheme Twenty Fifteen

Seit der Version 4.1 verwendet WordPress *Twenty Fifteen* als Standardtheme. Die Schwerpunkte liegen auf der Einfachheit und der Ausrichtung auf das mobile Internet. Das Design ist entsprechend spartanisch gehalten. Links befindet sich eine einfache Sidebar, rechts der Content. *Twenty Fifteen* passt sich den unterschiedlichen Gerätetypen an.

Ist der Bildschirm zu klein, verschwindet die Sidebar. Über einen Button lässt sie sich wieder einblenden. Trotz der Minimalphilosophie bietet *Twenty Fifteen* eine Fülle von Einstellungsmöglichkeiten sowie ein interessantes Feature zur Verbindung von WordPress mit den sozialen Netzwerken.

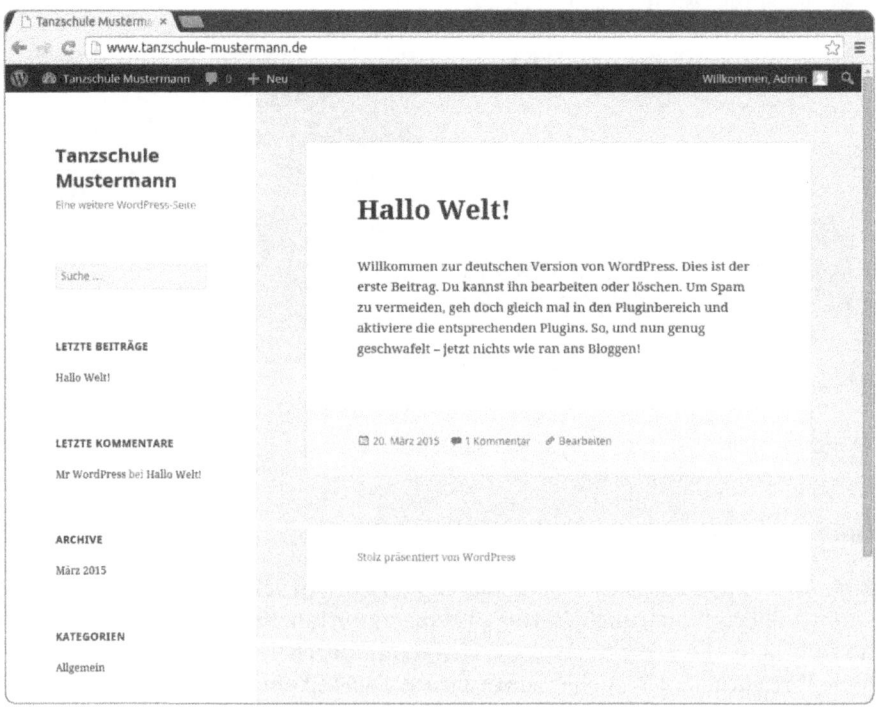

Das minimalistische Standardtheme *Twenty Fifteen*.

Ganz klar muss gesagt werden, dass sich *Twenty Fifteen* in erster Linie an Blogger richtet. Wenn Sie WordPress als CMS oder Shop einsetzen möchten, sind Sie mit anderen Themes besser bedient. Wegen seiner Übersichtlichkeit lässt sich *Twenty Fifteen* aber vor dem Wechsel zu einem umfangreicheren Theme sehr gut zum Einlernen verwenden.

Themes finden und installieren

Zum Ausprobieren eines neuen Themes müssen Sie WordPress nicht verlassen. Unter *Design/Themes/Installieren* findet sich eine Auswahl, die Laune macht. Neue und populäre Themes in Hülle und Fülle erscheinen als Vorschaubild. Sie können sich nach Herzenslust durchklicken und einige Kandidaten installieren. Quelle der gelisteten Themes ist das *Theme Directory* von *WordPress.org*. Wie oben beschrieben, lassen sich alle installierten Themes live testen und aktivieren.

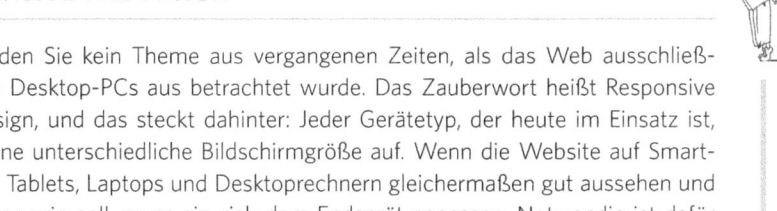

RESPONSIVE WEBDESIGN

Verwenden Sie kein Theme aus vergangenen Zeiten, als das Web ausschließlich von Desktop-PCs aus betrachtet wurde. Das Zauberwort heißt Responsive Webdesign, und das steckt dahinter: Jeder Gerätetyp, der heute im Einsatz ist, weist eine unterschiedliche Bildschirmgröße auf. Wenn die Website auf Smartphones, Tablets, Laptops und Desktoprechnern gleichermaßen gut aussehen und bedienbar sein soll, muss sie sich dem Endgerät anpassen. Notwendig ist dafür ein flexibles Layout. Idealerweise produziert es auf dem Smartphone eine einzige Navigationsspalte oder einen Text, auf dem Desktop dagegen die Webseite in ihrer ganzen Breite. Achten Sie bei der Auswahl Ihres Themes auf Angaben zum Responsive Web!

Themes aktualisieren

Alle Themes aus dem *WordPress.org*-Verzeichnis machen sich im Backend unübersehbar bemerkbar, sobald ein Update vorliegt. Dies gilt nicht nur für das aktive, sondern für jedes installierte Theme. Das Update können Sie per Knopfdruck einspielen. Falls Sie das Theme im Quellcode verändert haben, sollten Sie die Technik der Child-Themes einsetzen.

Themes löschen

Das Standardtheme *Twenty Fifteen* sollten Sie auch dann beibehalten, wenn Sie es nicht aktiviert haben. So steht es Ihnen für die Analyse von Fehlern jeder Art zur Verfügung. Alle anderen Theme-Leichen dürfen Sie mit gutem Gewissen wieder entfernen, denn die schaffen nur unnötige Updatearbeit und blähen das System auf. Der *Löschen*-Button befindet sich in der rechten unteren Ecke des Vorschaubilds in der Themes-Übersicht.

2.9   Kostenlose Themes finden

Das Backend von WordPress zapft das große, »amtliche« Themes-Verzeichnis an, das Sie auch unter *http://wordpress.org/themes* finden. Dort sind die mittlerweile knapp 3.000 kostenlosen Themes direkt abrufbar. Im Suchfilter können Sie technische oder inhaltliche Schlagwörter vorgeben, wie zum Beispiel »Responsive«, »Shop« oder »Journal«. Nachdem Sie ein passendes Theme gefunden haben, laden Sie es aber nicht von *WordPress.org* herunter, sondern wie oben beschrieben über das Backend.

Kostenlose Themes-Quellen

Wenn Sie in Google die Begriffe »WordPress« und »kostenlose Themes« eingeben, werden Sie schnell fündig. Verwiesen wird dann aber zu 99 % auf bekannte kostenlose Themes innerhalb von *WordPress.org*. Auf den ersten Blick ergibt das auch Sinn. Warum sollte ein seriöser Theme-Entwickler darauf verzichten, seine Arbeit auf diese große Plattform hochzuladen?

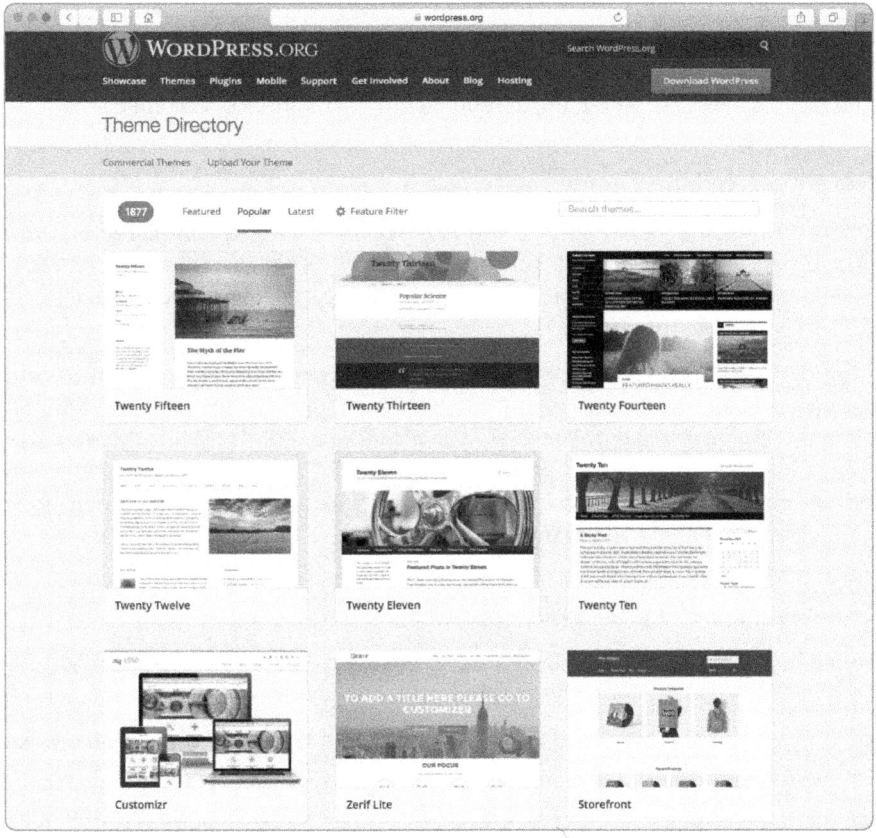

Mehr als 3.000 Themes finden Sie im Themes-Verzeichnis von *wordpress.org/themes*.

THEMES-GEHEIMTIPP

Der Entwickler »Woothemes«, bekannt durch das Shopsystem »WooCommerce«, bietet einige hochwertige und kostenlose Free Themes zum Download auf seiner Site *woothemes.com* an. Vor allem Fotofreunde sollten das Angebot von *fabthemes. com* unter die Lupe nehmen. Für nicht kommerzielle Sites stehen hier spezielle kostenlose Theme-Lizenzen zur Verfügung.

Im Umkehrschluss könnte man annehmen, dass den Themes außerhalb von *WordPress.org* generell zu misstrauen ist. Diese Unterteilung mit dem Holzhammer wird der Sache aber nicht gerecht. Es gibt ja schließlich seriöse kommerzielle Theme-Anbieter, die ab und zu ein Gratisbonbon verteilen.

Heruntergeladene Themes installieren

Ob kostenlos oder kostenpflichtig – alle Themes, die nicht im Directory von WordPress verzeichnet sind, können auch nicht direkt installiert werden. Zunächst müssen Sie das Theme herunterladen. Die meisten Themes werden als ZIP-Archive angeboten.

Anders als bei der Installation des WordPress-Grundsystems sollten Sie ein heruntergeladenes Theme aber nicht gleich entpacken. Im Backend können Sie nämlich unter *Design/Theme* das unveränderte ZIP-Archiv hochladen. Das Entpacken erledigt WordPress dann selbst. Falls Sie das Theme aus Versehen schon entpackt haben oder kein ZIP-Verzeichnis vorliegt, bleibt Ihnen noch ein dritter Weg übrig, die manuelle Installation.

Themes manuell installieren – per FTP

Falls ein Theme nicht über das Backend hochgeladen werden kann, gehen Sie so vor:

① Entpacken Sie das Theme. Sie erhalten einen Ordner, der normalerweise namensgleich mit dem Theme ist. Beispiel: *tangotheme2000*.

② Laden Sie den entpackten Ordner als Ganzes in das Themes-Verzeichnis hoch. Er befindet sich dann hier: *http://www.tanzschule-mustermann/wp-content/themes/*.

③ Kontrollieren Sie, ob das Theme am richtigen Platz gelandet ist. Hier sollte es zu finden sein: *http://www.tanzschule-mustermann/wp-content/themes/tangotheme2000*.

Danach finden Sie das Tangotheme 2000 in der Themes-Verwaltung – installiert, aber noch nicht aktiviert. Klicken Sie auf *Aktivieren*, um das Theme im Einsatz zu sehen.

2.10   Themes anpassen

In der Themes-Verwaltung, aufrufbar über *Design/Themes*, befindet sich das Vorschaubild des gerade aktivierten Themes links oben. Über die Schaltfläche *Anpassen* gelangen Sie direkt zu den Einstellungsmöglichkeiten. Die Veränderungen werden zwar sofort angezeigt, aber erst mit dem Klick auf *Speichern und Publizieren* wirksam.

Seitentitel ändern und ausblenden

Dass nicht nur unter *Einstellungen/Allgemein*, sondern auch an diesem Ort *Seitentitel* und *Untertitel* verändert werden können, verwirrt alte WordPress-User zunächst. Doch wahrscheinlich sollte die wichtige Checkbox darunter nicht so isoliert stehen.

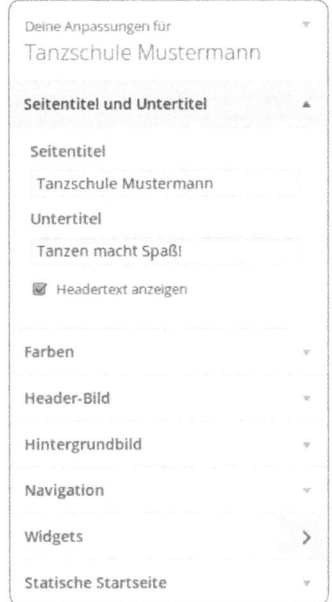

Seitentitel und *Untertitel* ändern und ausblenden.

Standardmäßig ist dort der Haken vor *Headertext anzeigen* gesetzt. *Tanzschule Mustermann* und *Tanzen macht Spaß* sind damit eingeblendet. Blenden Sie beides aus, um Überschneidungen bei der Verwendung eines Headerbilds mit Schriftzug und Logo zu vermeiden.

Theme-Farben anpassen

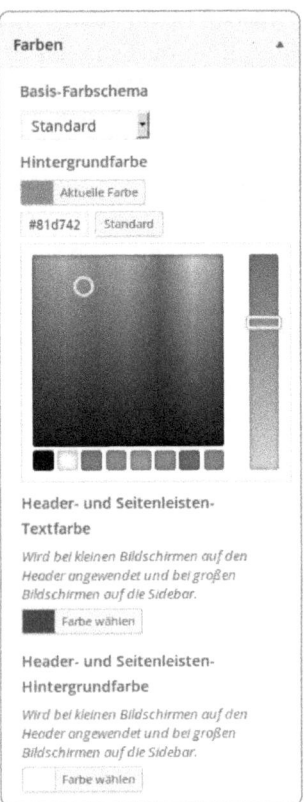

Farben gehören unbestritten zum wichtigsten Gestaltungs- und Wiedererkennungsmittel, nicht nur einer Website. Über die ideale Zusammensetzung von Farben streiten die Gelehrten, seit Goethe seinen Farbkreis entwickelt hat. Keine Sorge, durch diese Theorie müssen Sie sich nicht durchwühlen.

Unter *Farben/Basis-Farbschema* finden Sie je nach Theme eine unterschiedliche Anzahl voreingestellter Schemata. Das Durchklicken erzeugt immer wieder einen Aha-Effekt: So schnell kann man mit WordPress den Charakter einer Website geschmackvoll ändern. Außerdem bewahrt diese Methode automatisch vor den schlimmsten Designkatastrophen. Grüne Schrift auf rosa Grund ist (hoffentlich) nicht dabei.

Sie möchten die Hausfarben Ihres Unternehmens genau abzubilden oder sich einfach nur kreativ austoben? Dann finden Sie für die verschiedenen Seitenbereiche Farbpaletten. Wählen Sie dort die Farben nach Wunsch aus.

Theme-Farben anpassen.

FARBEN NOTIEREN

Die Basis-Farbschemata lassen sich mit einem Klick immer wiederherstellen. Für die selbst selektierten Farben ist das aber nicht der Fall. Es empfiehlt sich daher, sie zu notieren – nicht nur zur Sicherheit. Vielleicht möchten Sie später ja auch Farbdefinitionen via CSS vornehmen. Notieren müssen Sie die Hexadezimalwerte. Der Wert *#dd9933* steht beispielsweise für einen Orangeton.

Headerbild einfügen

Mit einem Headerbild (Banner) können das Logo und der hauseigene Schriftzug der Tanzschule Mustermann angemessen präsentiert werden. Für die Erstellung ist in der Regel ein Bildbearbeitungsprogramm zuständig. Doch übereilt sollten man sich nicht mit Photoshop oder GIMP in die Arbeit stürzen. Die Ausrichtung des Banners und die Bannergröße werden nämlich vom Theme vorgegeben. Zwar lässt sich das Bild auch nach dem Hochladen noch schnell zuschneiden, aber bei *Twenty Fifteen* stehen Überraschungen bevor.

Es empfiehlt sich eine Bildgröße von 954 Pixeln Breite und 1.300 Pixeln Höhe. Für eingefleischte WordPress-Anwender ist dieses neue Hochkantformat etwas gewöhnungsbedürftig. Wieder einmal zeigt sich die konsequente Ausrichtung von *Twenty Fifteen* auf die mobilen Anwender. Das Bild ist nämlich für die responsive Sidebar bestimmt.

Hintergrundbild verwenden

Weil sie leicht von Text und Navigationselementen der Website ablenken, sind Hintergrundbilder etwas aus der Mode geraten. Falls Sie trotzdem nicht darauf verzichten möchten, sollten Sie auf eine dezente Optik setzen. Nach dem Hochladen haben Sie die Möglichkeit, das Bild horizontal und/oder vertikal wiederholen zu lassen und dadurch einen Kacheleffekt zu erzeugen.

2.11   Menü(s) bitte!

Menüs schaffen Ordnung und zeigen den Besucherinnen und Besuchern schnell, was sie erwartet. Bietet die Tanzschule Mustermann auch Flamencokurse an? Ein Klick auf den Menüpunkt *Kurse* sollte genügen. Auf einer gut strukturierten Website klappen Unterpunkte mit allen Angeboten auf: Flamenco, Salsa, Standard, Swing, Tango. Ein Klick auf *Flamenco* leitet die Suchenden zu einer Seite mit allen weiteren Informationen: Kleidung, Kursbeginn, Preis … und ob auch Männer mittanzen.

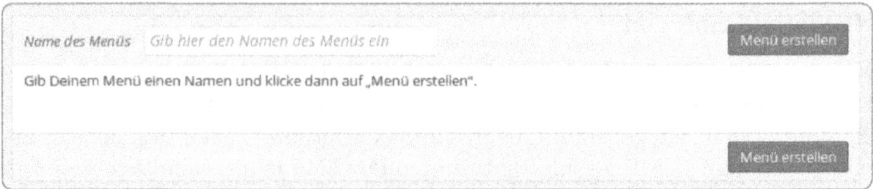

Das Standardtheme *Twenty Fifteen* präsentiert sich nach der WordPress-Installation ohne Menüs. Erst der Admin erweckt die Menüfunktion zum Leben.

Menüs erstellen

Klicken Sie im Dashboard auf *Design/Menüs*, um ein neues Menü zu kreieren. Der Name wird dem Besucher nicht angezeigt, er dient nur der Verwaltung. Da bei den meisten Themes mehrere Menüs eingesetzt werden können, vergeben Sie den aussagekräftigen Namen *Hauptmenü*.

Twenty Fifteen bietet über die Menüfunktion eine schnelle Möglichkeit zur Verknüpfung mit den Social-Media-Diensten. Um dieses Feature einmal auszuprobieren, legen Sie ein zweites Menü an. Vergeben Sie den passenden Namen *Socialmenü*.

Menüpositionen verwalten

Nun sollen die beiden Menüs an den richtigen Stelle auf der Website angezeigt werden. Bewerkstelligen lässt sich das unter *Positionen verwalten*. Je nach Theme steht eine unterschiedliche Anzahl von Möglichkeiten zu Verfügung. Einfach fällt die Wahl bei *Twenty Fifteen*. Als *Primäres Menü* wird das *Hauptmenü* zugewiesen, als *Social-Links-Menü* unser *Socialmenü*.

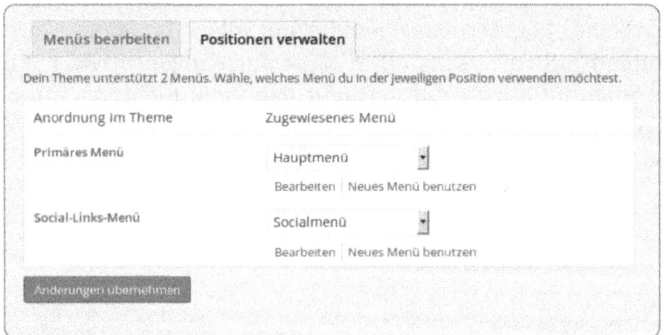

Die beiden Menüpositionen im Theme *Twenty Fifteen*.

Punkte und Unterpunkte erstellen

Bevor ein Menüpunkt erstellt werden kann, muss die dazugehörige Seite vorhanden sein. Die Zuweisung lässt sich dann in zwei Schritten erledigen. Zunächst markieren Sie im linken Fenster die gewünschten Seiten und klicken auf *Zum Menü hinzufügen*. Dann erstellen Sie im Hauptfenster mit Drag-and-drop die Menüstruktur. Bewegen Sie den Mauszeiger auf den gewünschten Eintrag.

Es bildet sich ein Pfeilkreuz. Klicken Sie auf den Eintrag und halten Sie die linke Maustaste gedrückt. Dann ziehen Sie den Eintrag ein Stück nach rechts und lassen los. Durch das Einrücken erzeugen Sie einen Unterpunkt. Sie können dabei auch weitere Ebenen bilden.

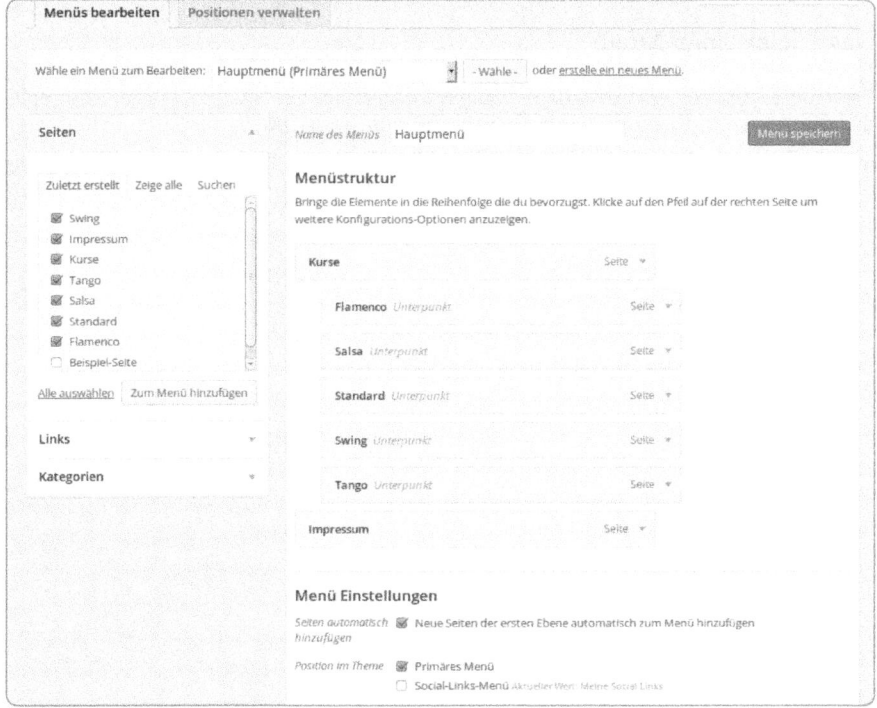

Das Herz der Menüverwaltung. Linkes Fenster: Seiten, aber auch Links und Kategorien lassen sich zu Menüs hinzufügen. Hauptfenster: Menüpunkte ordnen.

Über einen Haken finden Sie unten eine Möglichkeit, Seiten automatisch hinzuzufügen. Aktivieren Sie diese, um neu erstellte Seiten der ersten Ebene sofort ins Menü zu integrieren.

MENÜPUNKTE SORTIEREN

Standardmäßig sortiert WordPress die Menüpunkte alphabetisch. Es gibt aber auch Gründe, die Reihenfolge zugunsten der Relevanz zu ändern. Oft nachgefragte Kurse könnten weiter oben platziert werden als weniger wichtige Angebote. Mit Drag-and-drop lassen sich alle Punkte beliebig anordnen.

Das Social-Links-Menü

Das Hauptmenü steht? Dann geht es weiter mit dem *Social-Links-Menü*. Wie der Name vermuten lässt, hat *Twenty Fifteen* dafür ausschließlich Links vorgesehen. Diese führen zu den Startseiten der Social Accounts der Tanzschule Mustermann, also beispielsweise zu *www.twitter.com/tanzschulemustermann*.

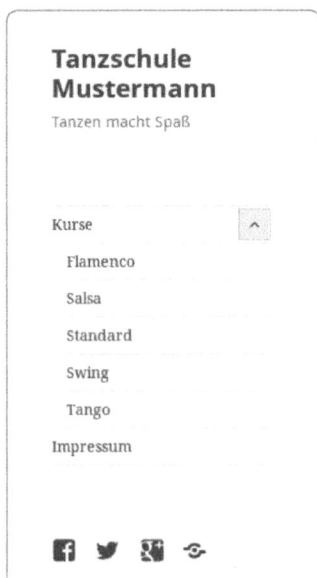

Senkrecht präsentiert sich das *Hauptmenü*, hier aufgeklappt mit Unterpunkten, und waagerecht darunter das *Social-Links-Menü*.

In der Menüverwaltung können Sie in der linken Spalte die Rubrik *Links* öffnen und diejenigen Social Networks eintragen, in denen Sie eine Präsenz besitzen. Dann werden diese, wie vorher die Seiten, dem Menü hinzugefügt. Das Prinzip bleibt gleich. Die jeweiligen Icons – Wortlinks sind nicht vorgesehen – fügt das Theme automatisch ein. Das Bild zeigt die Links zu Facebook, Twitter und Google Plus. Das vierte Icon führt zum RSS-Feed der Website.

KATEGORIEN ALS MENÜPUNKTE

Sie können Ihre Website so logisch strukturieren, wie Sie möchten – die Besucher gehen ihre eigenen Wege. Den meisten ist es egal, ob ein Text als Beitrag oder als Seite angelegt ist – und ebenso, welche Links dorthin führen. Es wird geklickt, was interessiert und gefällt. Gar nicht mal wenige Blogs verwenden Menüs deshalb nicht als Zugang zu Seiten, sondern packen Kategorien hinein. Klickt der Besucher auf eine Kategorie, wird eine Übersicht der zugeordneten Beiträge angezeigt, mit dem jüngsten an der Spitze.

Weil diese originelle Technik den Menügedanken ad absurdum führt, sollte sie entweder durchgängig (alle Menüpunkte sind Kategorien) oder gar nicht eingesetzt werden. Um Kategorien hinzuzufügen, klicken Sie in der linken Spalte der Menüverwaltung auf *Kategorien* und verfahren ansonsten wie bei Seiten und Links.

RSS-Feed ins Menü einbauen

RSS-Feeds sind zwar etwas aus der Mode gekommen, aber man will ja die älteren User nicht ausgrenzen. Es spricht nichts dagegen, den Link zum Feed im *Social-Links-Menü* zu integrieren. Der Feed selbst muss vom Admin nicht eingerichtet werden, er ist bereits ab der Installation aktiv. Die URL erhalten Sie durch das einfache Anhängen von */feed* an die ganz normale Siteadresse. Unter *www.tanzschule-mustermann.de/feed* können die neuesten Beiträge über den Browser abonniert werden.

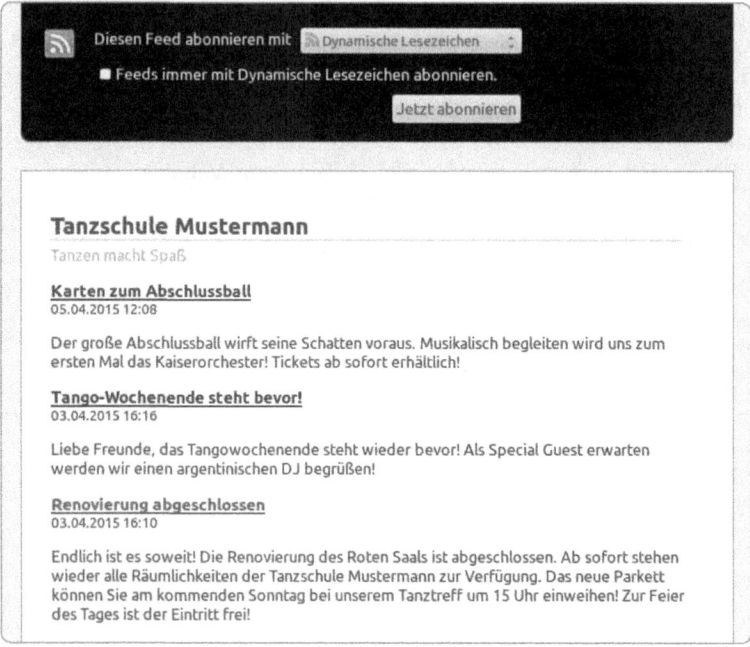

Die neuesten Beiträge der Tanzschule Mustermann als RSS-Feed.

2.12   Suchmaschinengerechte Permalinks

Permalink ist ein typisches Wort aus der WordPress-Terminologie. Gemeint sind die URLs aller Beiträge, Seiten und Kommentare einer WordPress-Website. Vor dem Begriff braucht kein Admin ehrfürchtig in den Staub zu sinken – vor der Sache aber schon! Ohne eine vernünftige Permalink-Einstellung ist alle weitere Suchmaschinenoptimierung vergebliche Liebesmüh.

Google-freundliche URLs

Damit Ihre Website auf Google gut gefunden wird, müssen Sie Ihre URLs umstellen. Von Haus aus liefert WordPress so nichtssagende Adressen wie *www.tanzschule-mustermann.de/?p=123* aus. Schöner ist natürlich *www.tanzschule-mustermann.de/neuer-tanzkurs*.

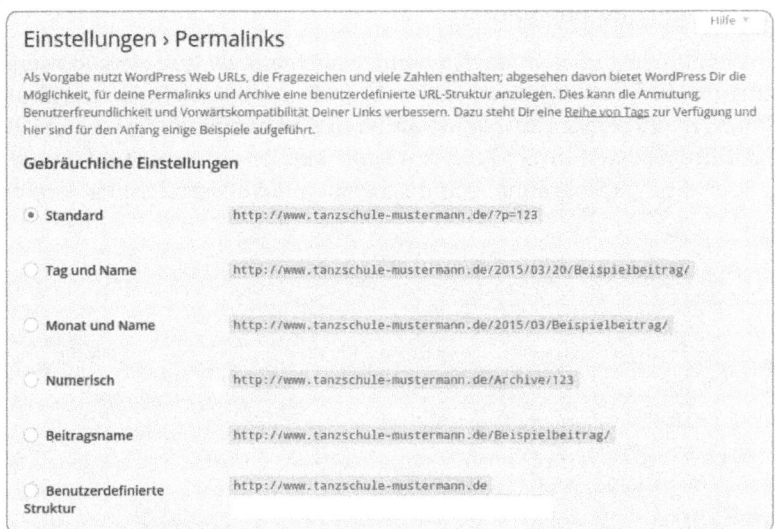

Nicht sehr Google-freundlich präsentiert sich die Standardeinstellung der Permalinks.

Festgelegt werden die Permalinks im Backend unter *Einstellungen/Perma-links*. Schalten Sie dort von *Standard* auf *Beitragsname* um. Langfristig ist das die beste Option, denn alle anderen enthalten zusätzlich Zahlen und Schräg-striche, die in den meisten Fällen für die Suchmaschinen wenig aussagekräftig sind. Auch von der Nutzung der Option *Benutzerdefinierte Struktur* ist abzu-raten – wenn die Besucher und Suchmaschinen nicht verwirrt werden sollen.

Mod Rewrite ist Voraussetzung

Falls Sie nach der Umstellung der Permalinks auf weiße Seiten mit der Feh-lermeldung *Not Found* starren, brauchen Sie nicht in Panik zu geraten. Stel-len Sie zunächst die *Standard*-Einstellung wieder her. Danach benötigen Sie einige Informationen von Ihrem Provider. Finden Sie zunächst heraus, ob im Webpaket die Servereinstellung *Mod Rewrite* enthalten und aktiviert ist. Mög-licherweise müssen Sie dieses Feature erst selbst aktivieren oder zu einem anderen Hostingpaket upgraden.

Danach testen Sie die Umstellung der Permalinks erneut. Rufen Sie eine belie-bige Seite oder einen Beitrag auf – nicht aber die Startseite, denn diese funk-tioniert mit allen URL-Einstellungen.

.htaccess erstellen und hochladen

Wenn Sie trotz aktivierten *Mod Rewrite* immer noch auf weiße Seiten stoßen, muss zusätzlich eine *.htacces*-Datei in Ihr WordPress-Verzeichnis eingefügt werden. Sofern Ihr Provider dazu keine andere Option anbietet, erstellen Sie diese selbst. Öffnen Sie auf Ihrem PC einen einfachen Editor – kein umfangreiches Textverarbeitungsprogramm – und schreiben Sie ausschließlich diesen Text hinein:

```
001  # BEGIN WordPress
002  <IfModule mod_rewrite.c>
003  RewriteEngine On
004  RewriteBase /
005  RewriteRule ^index.php$ - [L]
006  RewriteCond %{REQUEST_FILENAME} !-f
007  RewriteCond %{REQUEST_FILENAME} !-d
008  RewriteRule . /index.php [L]
009  </IfModule>
010  # END WordPress
```

Speichern Sie die Datei unter dem Namen *.htaccess* ab. Wundern Sie sich nicht, falls die Datei nach dem Speichern »verschwunden« ist! Standardmäßig werden in Dateimanagern und FTP-Programmen alle Dateien mit einem Punkt am Anfang ausgeblendet. Über die Aktivierung des Häkchen *Anzeige versteckter Dateien* taucht die *.htaccess* dann wieder auf.

Laden Sie nun die *.htaccess*-Datei in das Verzeichnis Ihrer WordPress-Installation auf den Server. Jetzt sollte es mit den Permalinks klappen.

Basisarbeit: Kategorien und Schlagwörter

Die sprechenden Permalinks funktionieren? Dann können Sie noch eine Schippe drauflegen! Wenn Sie unter *Einstellungen/Permalinks* nach unten scrollen, haben Sie bei *Optional* die Möglichkeit, knackige Namen für die Basis der Kategorien und Schlagwörter zu vergeben. Auch diese werden nämlich als URL in den Ergebnisseiten von Google und Kollegen angezeigt.

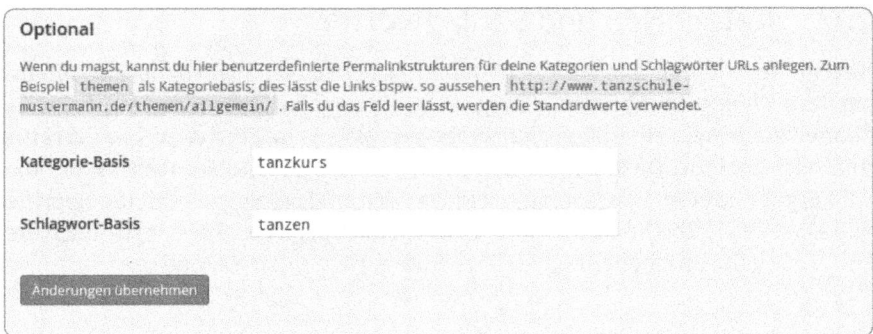

Einstellung einer Google-freundlichen Basis für Kategorien und Schlagwörter.

In der Standardeinstellung verwendet WordPress die Begriffe *category* und *tag*. Für die Tanzschule Mustermann ist beides völlig wertlos. Schicken Sie die Langweiler in die Wüste! Mit der Umstellung auf *tanzkurs* und *tanzen* lassen sich die Kategorien und Schlagwörter für die Suchmaschinenoptimierung optimal einspannen.

Beitrags-Permalinks ändern

Beim Erstellen eines neuen Beitrags oder einer neuen Seite öffnet sich unter dem Titelfenster eine Zeile, in der die Permalinks angepasst werden können. WordPress vergibt standardmäßig die volle Länge des Titels als Permalink, im Beispiel wäre das *www.tanzschule-mustermann.de/neuer-salsakurs-startet* gewesen. Mit der Änderung zu *www.tanzschule-mustermann.de/salsakurs* wurde die URL von überflüssigem Ballast befreit und spiegelt genau das wider, was potenzielle Kunden googeln: *Salsakurs*.

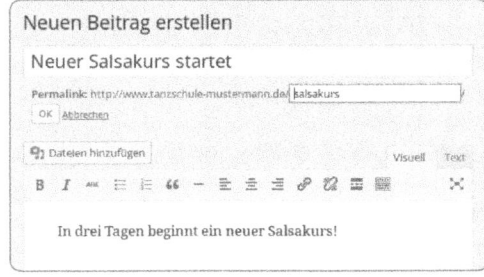

Der Permalink wurde auf ein Wort verkürzt: *Salsakurs*.

2.13 Kategorien und Schlagwörter

Kategorien dienen dazu, thematisch ähnliche Beiträge zu sortieren. Abhängig vom Theme, erscheinen sie am Anfang oder am Ende jedes Beitrags. Es können auch mehrere Kategorien zugewiesen werden. Ein neuer Salsakurs für Anfänger beginnt? Dazu passen hervorragend »Salsa« und »Tanzkurs«. Für die Suchergebnisseiten von Google irrelevant wären dagegen allgemeine Begriffe wie »Zweites Halbjahr« oder »Informationen«. Überlegen Sie sich, wonach die Leute googeln, und benennen Sie Ihre Kategorien entsprechend.

Kategorien vergeben

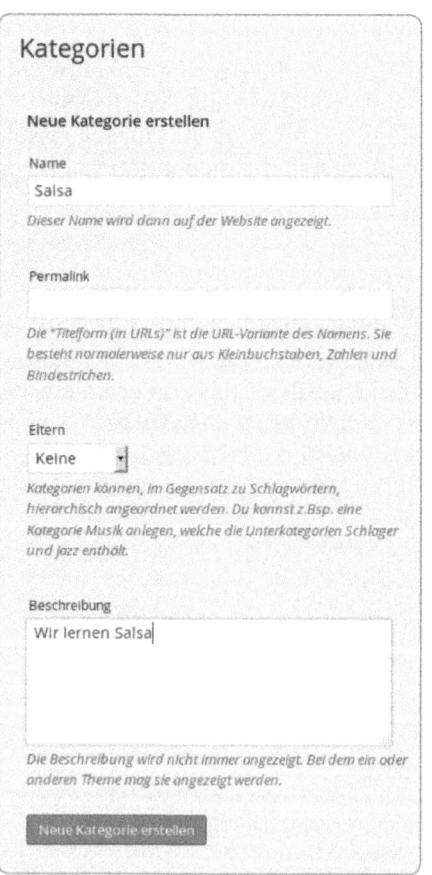

Kategorien können Sie spontan beim Erstellen neuer Beiträge vergeben, das Feld finden Sie in der rechten Spalte neben dem Editorfenster. Ratsam ist das aber nicht unbedingt. Mit der Zeit verlieren Sie dabei den Überblick und verheddern sich zwangsläufig mit der Schlagwortvergabe, die in diesem Kapitel weiter unten behandelt wird.

Erledigen Sie die Erstellung von Kategorien lieber generalstabsmäßig. Im Dashboard finden Sie die Kategorieverwaltung unter *Beiträge/Kategorien*. Schon angelegt ist die für Suchmaschinen nichtssagende Kategorie *Allgemein*. Diese hat WordPress automatisch jedem Beitrag zugewiesen, den Sie nicht selbst mit einer Kategorie versehen haben.

Die Kategorie *Salsa* wurde erstellt. Das *Permalink*-Feld bleibt leer, weil der Begriff identisch mit der URL bleiben soll. Auf die hierarchische Anordnung wurde verzichtet. Die Beschreibung unten erscheint in einigen Browsern beim Überfahren mit der Maus.

Für die Tanzschule Mustermann wäre dieses Kategorien-Set vorstellbar: Standard, Latein, Tango, Salsa, Tanzkurs, Anfängerkurs, Fortgeschrittene, Workshop, Hochzeitskurs und Abschlussball. Unter *Neue Kategorie erstellen* können Sie für jede Kategorie auch noch einen abweichenden Permalink festlegen. Mit diesem sogenannten Slug lässt sich die URL der Kategorie frei bestimmen. Namen und URL sollten aber nur in Ausnahmefällen unterschiedlich sein.

Schlagwörter vergeben

Etwas weniger streng können Sie die Vergabe der **Schlagwörter** angehen. Im Gegensatz zu den Kategorien ist eine hierarchische Anordnung nicht vorgesehen. Es bleibt dem persönlichen Geschmack überlassen, ob Sie systematisch vorgehen oder spontan. Verwaltet werden die Schlagwörter über *Beiträge/Schlagwörter*.

Im Beispiel wurde das Schlagwort *Übungsstunde großer Saal* erstellt. Das *Permalink*-Feld bleibt diesmal nicht leer, denn dieser Begriff könnte als URL Probleme verursachen. Er ist nicht nur etwas lang und enthält einige für Google relativ belanglose Wörter, sondern auch einen Umlaut und ein ß (WordPress sollte ü und ß zwar automatisch umwandeln, aber Vorsicht ist die Mutter der Porzellankiste).

Am besten ist es, nur *uebungsstunde* als Permalink einzutragen. Die URL enthält nun keine problematischen Buchstaben mehr sowie eine höhere Relevanz für die Suchmaschinen. Ein Tanzwütiger wird eher nach »Übungsstunde« googeln als nach »Großer Saal«.

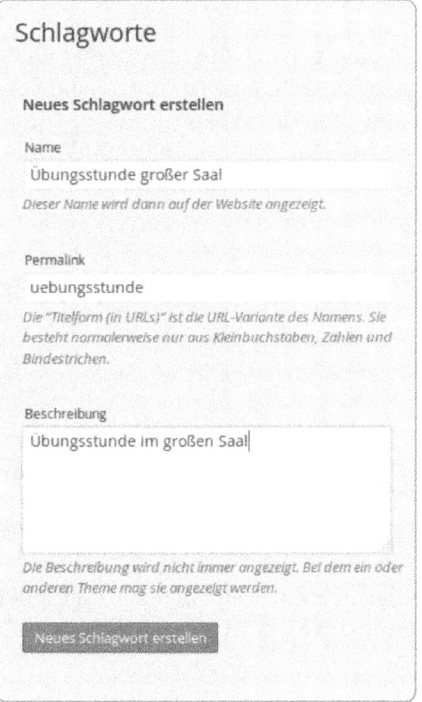

Für das Schlagwort *Übungsstunde großer Saal* wurde der Slug *uebungsstunde* definiert.

Häufig genutzte Schlagwörter

Das Eingabefeld für Schlagwörter befindet sich in der rechten Spalte unter dem Kategoriefeld. Ein nettes Feature verbirgt sich hinter dem Link *Wähle aus den häufig genutzten Schlagwörtern*. WordPress bietet dann eine Vorauswahl an, was die schnelle Zuordnung erleichtert.

Die Schlagwortwolke

Fischzucht, Marsroboter, Schallplattensammlung? Neue Besucher fragen sich ja erst einmal, worum es auf einer Website überhaupt geht. Eine originelle Auskunft bietet die Schlagwortwolke (Tag-Cloud). Darin werden häufig verwendete Schlagwörter durch die Schriftgröße besonders hervorgehoben. Das Anklicken der Wörter führt zu den jeweiligen Beiträgen. Eingebaut wird dieses beliebte Feature über ein Widget.

SCHLAGWÖRTER

Abschlussball Flamenco Grundkurs
Party Salsa Samba Schuhe Swing
Tango Tanzpartner
Walzer

Worum es auf der Website der Tanzschule Mustermann geht, wird mit einer Schlagwortwolke schnell klar.

2.14   Klein, aber oho! – Widgets

Widgets sind kleine Zusatzmodule, die die Funktionalität der Webseite ergänzen, aber auch kleinere Texte enthalten können. Platziert werden sie in einer oder in mehreren Sidebars (Seitenleisten) oder als Footerwidget am unteren Ende der Site.

Themes definieren Widgetbereiche

Das Theme bestimmt, wie viele Widgetbereiche zur Verfügung stehen und wo sie angezeigt werden. Ein sehr umfangreiches kann auch mal mit einem Dutzend Widgetbereichen bestückt sein. Nach einem Theme-Wechsel sollten Sie die Lage der Widgets auf jeden Fall überprüfen, denn nicht selten sind einige davon abgetaucht.

Zwanghaft ausschöpfen müssen Sie die Widgetbereiche allerdings nicht. Nicht bestückte werden von WordPress ausgeblendet. Im minimalistischen Standardtheme *Twenty Fifteen* stellen sich diese Fragen nicht. Es steht nur ein einziger Widgetbereich auf der linken Sidebar zur Verfügung.

Widgets verwalten

Im Backend erreichen Sie die Widgetverwaltung via *Design/Widgets*. Einem frisch installierten WordPress liegen sechs Widgets bei: *Suche, Letzte Beiträge, Letzte Kommentare, Archive, Kategorien* und *Meta*. In der Widgetverwaltung sind sie rechts zu sehen, im Frontend von *Twenty Fifteen* in der linken und einzigen Sidebar.

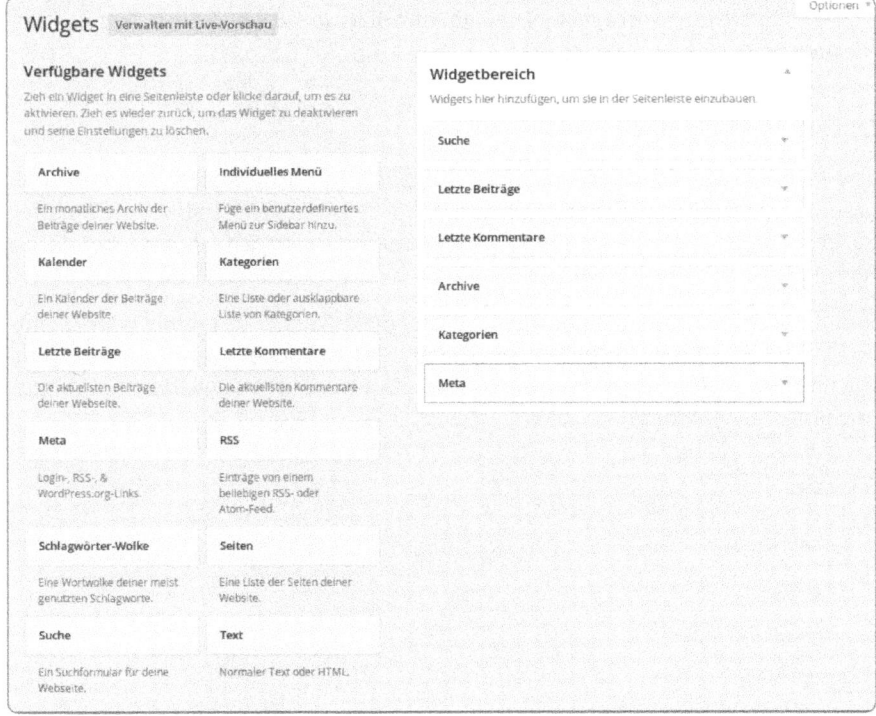

Aufgeräumt präsentiert sich die Widgetverwaltung im Standardtheme *Twenty Fifteen*: links die verfügbaren Widgets, rechts der einzige Widgetbereich. Über Drag-and-drop werden die Module angeordnet.

Die wichtigsten Widgets

WordPress-Neulinge fühlen sich von der Fülle der Widgets erst einmal erschlagen. Aber welche sind davon wirklich wichtig? Zunächst diese drei:

- *Suchmaschine* – Auf jede gute WordPress-Site gehört eine Suchmaschine. Ihre Besucher sollen ja nicht abspringen, wenn sie nicht sofort das Gewünschte finden.

- *Kategorien* – In der Vielfalt der Websites bieten die Kategorien nicht nur Ihren Besuchern, sondern auch den Suchmaschinen einen schnellen Überblick über die wichtigsten Themen Ihrer Site.

- *Letzte Beiträge* – Falls Sie Ihre Website als Blog betreiben, gehört dieses Widget einfach dazu. Es zeigt dem Besucher in der Standardeinstellung die zehn neuesten Beiträge an. Die Zahl der Beiträge können Sie selbst bestimmen.

Das Meta-Widget

Das *Meta*-Widget ganz unten in der Sidebar fällt ein bisschen aus dem Rahmen. Es ist wohl standardmäßig eingebaut, um neuen Admins den Einstieg zu erleichtern. Es enthält Links zum Anmeldebildschirm des Backends, zu RSS-Funktionen und zu *WordPress.org*.

Wenn Sie es nicht mehr benötigen, sollten Sie es aus der Sidebar wieder entfernen. Es muss ja auch nicht unbedingt jeder Besucher (und Angreifer) auf die Backend-URL gelotst werden. Übrigens, diese lautet *www.tanzschule-mustermann.de/wp-admin/*.

META

Administration

Abmelden

Beitrags-Feed (RSS)

Kommentare als RSS

WordPress.org

Das *Meta*-Widget. Gut zum Einsteigen für neue WordPress-Admins.

Helfer in der Not: Text-Widget

Ebenfalls aus der Reihe fällt das *Text*-Widget. Damit lässt sich auf schnelle Weise unterbringen, was als Beitrag oder Seite nicht passt.

Beispiel: Die Tanzschule Mustermann benötigt für den Kartenvorverkauf einen auffälligen Hinweis, der sich optisch vom Rest der Seite abhebt. Hier bietet sich ein Widget gleich links oben in der Sidebar an. Nicht nur die Besucher werden sofort darauf stoßen, auch in den Suchmaschinen werden Texte am Beginn einer Seite stärker gewichtet als anderswo.

Mit dem *Text*-Widget lassen sich kleine, aber wichtige Texte gut platzieren.

Inaktive Widgets zwischenlagern

Wenn Sie in der Widgetverwaltung nach unten scrollen, finden Sie den nach der Installation noch leeren Bereich *Inaktive Widgets*. Hier können Sie Widgets platzieren, deren Einstellungen erhalten werden sollen.

Beispiel: Die Abschlussbälle der Tanzschule Mustermann finden jeweils im Frühjahr und Herbst statt. Das passende *Text*-Widget wird immer zur Zeit des Kartenvorverkaufs in der Seitenleiste platziert, ansonsten bei den inaktiven Widgets zwischengelagert. Der Text bleibt erhalten.

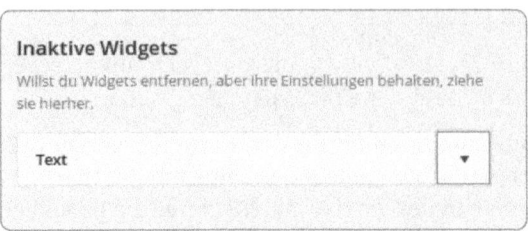

Inaktive Widgets ist das Zwischenlager für bearbeitete, aber nicht ständig gebrauchte Widgets.

2.15 WordPress als Teamarbeit

Nachdem Sie WordPress aufgesetzt haben, sind Sie selbst auch der **Administrator**. Als solcher haben Sie alle Hebel in der Hand. Sie können Beiträge schreiben, Seiten hinzufügen und WordPress konfigurieren. Vielleicht möchten Sie mit dem Wachstum des Projekts weitere Gehilfen in Ihr Projekt einbeziehen? Dann benötigen diese natürlich auch einen Zugang zum System – ein eigenes Profil auf Ihrer WordPress-Site.

Die Rollenverteilung in WordPress

Um zu verhindern, dass Anfänger oder Unbefugte in Ihrer WordPress-Installation Schaden anrichten, können Sie neuen Gehilfen verschiedene Rollen zuweisen.

- *Abonnent* – Die unterste Stufe. Immerhin dürfen Abonnenten ihr eigenes Profil bearbeiten. Das war es aber auch schon. Überflüssig ist diese Stufe dennoch nicht.

- *Mitarbeiter* – In der Mitarbeiterstufe dürfen auch Beiträge geschrieben und eingereicht werden. Besonderes Vertrauen genießt der Mitarbeiter allerdings nicht. Seine Werke müssen mindestens von einem Redakteur freigeschaltet werden.

- *Autor* – Besser hat es der Autor. Er darf eigene Beiträge schreiben und ohne weitere Überprüfung freischalten sowie Dateien in die Mediathek hochladen.

- *Redakteur* – Umfangreiche Befugnisse genießt der Redakteur. Er darf Beiträge und Seiten erstellen, bearbeiten und löschen – und nicht nur die eigenen. Zugriff hat er auch auf die Kommentarverwaltung, nicht aber auf die Benutzerverwaltung.

- *Administrator* – Der Boss darf alles. Themes auswechseln, Plugins installieren, das ganze System steuern – oder ins Nirwana befördern.

  Tipp: Wichtige Entscheidungen nur nüchtern und ausgeschlafen treffen!

Die Benutzerverwaltung

Zur Benutzerverwaltung gelangen Sie über das Dashboard. Nach der Installation befinden Sie sich dort erwartungsgemäß alleine. Neue Benutzer können über die Schaltfläche *Neu hinzufügen* erstellt werden. Vergeben Sie deren Rollen am besten nach dem Prinzip »so viel wie nötig, so wenig wie möglich«. Wenn Sie etwas schusselig sind, können Sie sich auch selbst ein zweites Profil einrichten, zum Beispiel als Autor oder Redakteur. Sie verhindern damit, aus Versehen wichtige Einstellungen zu verändern.

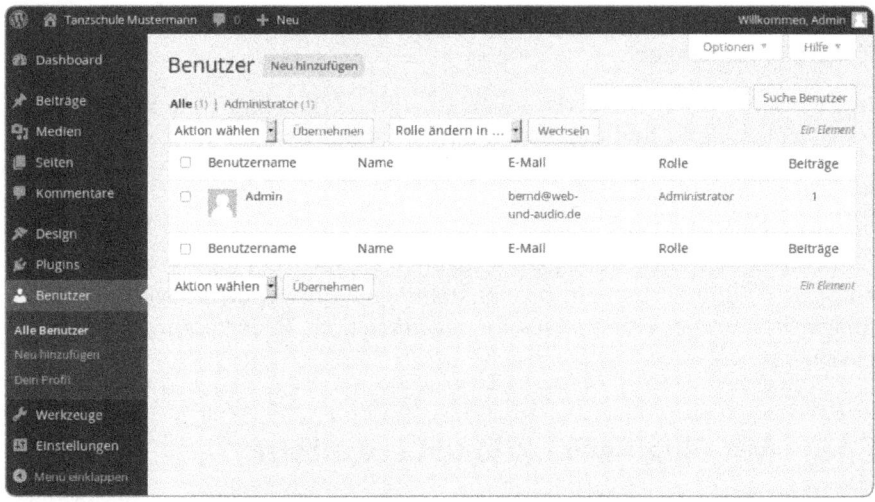

Hier bin ich Gott, hier darf ich's sein. Nur der Administrator hat Zugriff auf die Benutzerverwaltung.

Vertrauen ist gut! – Benutzer legen Profile an

Benutzer können selbst ein Profil anlegen, wenn der Administrator im Backend unter *Einstellungen/Allgemein* einen Haken vor *Jeder kann sich registrieren* setzt. Im Dauerbetrieb ist diese Einstellung zwar etwas heikel, aber für bestimmte Einsatzgebiete erspart es dem Admin viel Arbeit.

Beispiel: Die Tanzschule Mustermann benötigt ein eigenes Profil für rund ein Dutzend Tanzlehrer. Die Tipperei wäre für eine Person ziemlich mühsam. Als Admin geben Sie in dem Fall einfach bekannt, dass jeder Tanzlehrer innerhalb der nächsten Woche ein Profil anlegen soll. Danach schalten Sie diese Möglichkeit wieder ab.

Jetzt müssen Sie jedem Tanzlehrer noch eine Rolle zuweisen, denn standardmäßig ist nur der Abonnent vorgesehen, die unterste Stufe (aus Sicherheitsgründen sollten Sie während der Registrierungsphase diese Einstellung belassen und später höhere Rollen zuweisen). Damit der Salsalehrer eigene Beiträge verfassen darf, muss er mindestens ein Autor sein.

Die Flamencotänzerin ist neu? Dann weisen Sie ihr erst einmal die Rolle der Mitarbeiterin zu. Der Status der Benutzer lässt sich nur vom Administrator verändern. Sie können jederzeit befördern oder degradieren!

Kontrolle ist besser

Nachdem ein neuer Benutzer angelegt wurde, erhalten Sie automatisch eine Nachricht an Ihre Admin-Mailadresse mit diesem Text:

»Neue Benutzerregistrierung auf deiner Seite Tanzschule Mustermann. Benutzername: Neuer Benutzer. E-Mail: irgendwer@provider.de.«

Stehen hier Benutzer oder ganz allgemein Daten, die Ihnen verdächtig vorkommen? Dann ist es Zeit, die Einstellungen zur Benutzerregistrierung zu überprüfen und gegebenenfalls die eigenmächtige Registrierung wieder abzuschalten.

2.16   Mit Plugins Funktionen erweitern

Eine edle Fotogalerie oder ein praktisches Kontaktformular sollen die Website aufwerten? Das geht mit WordPress-Erweiterungen, den **Plugins**. Das offizielle Verzeichnis auf *WordPress.org* listet über 36.000 verschiedene auf. Sie können direkt aus dem Dashboard installiert werden. Von Ausnahmen wie den Webshops abgesehen, sind die meisten Plugins kostenlos.

Einige Hersteller bieten aber zwei Versionen an, eine freie Basisversion und eine kostenpflichtige mit Premium-Features. Sie können also zunächst das Plugin auf Herz und Nieren prüfen und dann später upgraden.

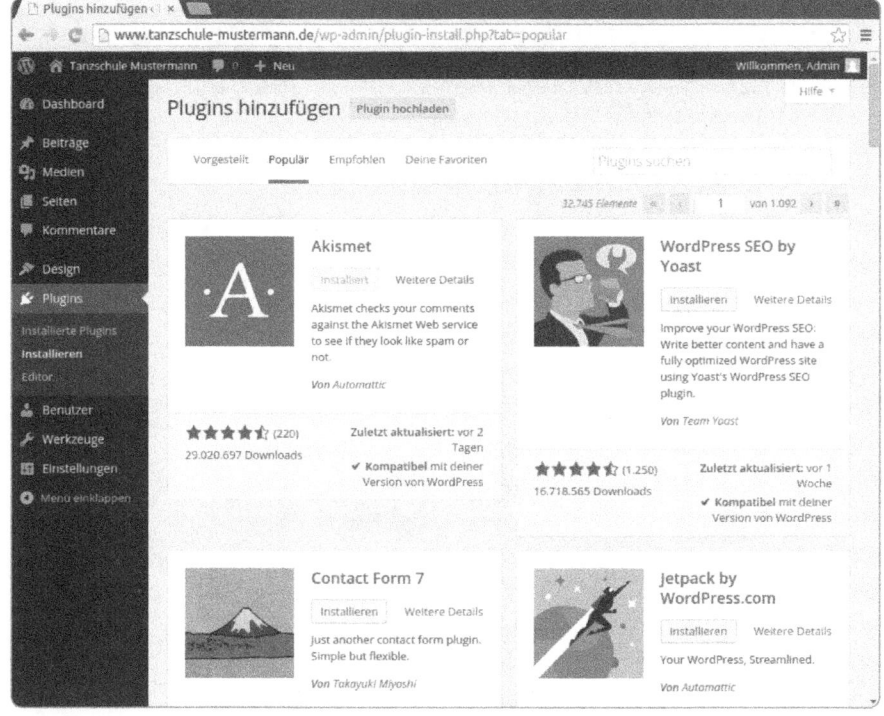

Zugriff auf das *Plugins*-Directory von *WordPress.org* erhalten Sie über das Backend.

Plugins finden

Das offizielle Plugin-Verzeichnis befindet sich auf *https://www.wordpress. org/plugins*. Wie so oft bei WordPress wurden auch hier Nägel mit Köpfen gemacht. Zu jedem Plugin informiert eine Infobox über die wichtigsten Gründe für und gegen eine Installation. Bewertet werden die Plugins von der Word-Press-Community mit 1 bis 5 Sternen. Darunter stehen Infos zur Kompatibilität, dem letzten Update und der Anzahl der Installationen.

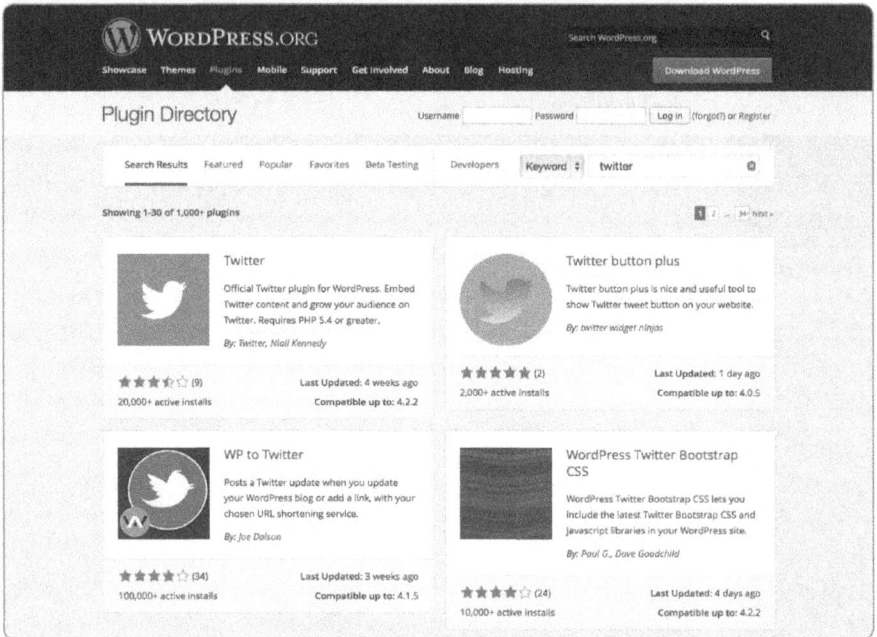

Allein mehr als 1.000 Twitter-Plugins finden Sie im offiziellen Plugin-Verzeichnis von *www.wordpress.org/plugins*.

Plugins installieren

Wie die Themes werden auch die Plugins im Normalfall über das Backend installiert. Sie müssen also WordPress nicht verlassen. Über *Plugins/Installieren* erhalten Sie direkten Zugang zum offiziellen Plugin-Directory. Mit einem Klick auf den Installationsbutton des gewünschten Plugins und einer Bestätigung mit *OK* holt sich WordPress, was es braucht.

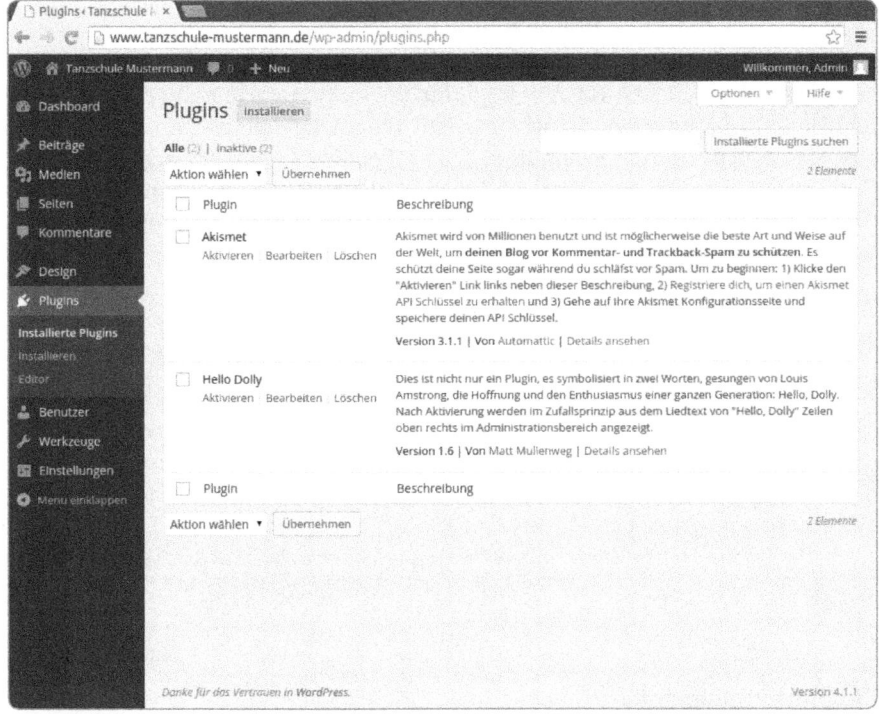

Zwei Plugins sind in WordPress schon vorinstalliert, aber nicht aktiviert.

Auch die beiden alternativen Installationsmöglichkeiten für heruntergeladene Plugins, die nicht von *WordPress.org* stammen, entsprechen der Themes-Installation:

- *Als Archiv hochladen* – Liegt das Plugin als ZIP-Archiv vor, entpacken Sie es nicht. Über *Plugins/Installieren/Plugin hochladen* spielt es WordPress aus der verpackten Datei ein.

- *Manuelle Installation* – Liegt das Plugin nicht als Archiv vor, laden Sie es über den FTP-Client manuell in das Verzeichnis für Plugins: */wp-content/ plugins*.

Plugins aktivieren und konfigurieren

Plugins sind Schläfer. Nach der Installation warten sie auf die Aktivierung, vorher passiert gar nichts. Das gilt auch für die beiden vorinstallierten Akismet und Hello Dolly. Ersteres ist ein Antispam-Plugin, zu dem es gute Alternativen gibt, das zweite ein reines Spaßtool. Sie mögen Jazz? Dann erwecken Sie Hello Dolly zum Leben! In der Übersicht der installierten Plugins stehen Ihnen die drei Schaltflächen *Aktivieren*, *Bearbeiten* und *Löschen* zur Verfügung. Wählen Sie *Aktivieren* aus.

> **ACHTUNG!**
>
> Der Link hinter *Bearbeiten* führt nicht etwa zu den Konfigurationsmöglichkeiten für ein Plugin, sondern in einen Editor, mit dem der Quellcode bearbeitet werden kann. Hier sollte nur derjenige Änderungen vornehmen, der sich mit Programmiersprachen auskennt. Die Plugins lassen sich zum Glück über grafische Oberflächen einstellen. Diese muss man nach der Aktivierung immer ein bisschen suchen. Die Optionen für Plugins nisten sich nämlich an unterschiedlichen Stellen im Dashboard ein, teilweise in der oberen schwarzen Leiste, teilweise in der linken.

Plugins aktualisieren

Nicht nur WordPress selbst, auch die Plugins werden von den Entwicklern immer wieder auf den neuesten Stand gebracht. Aus dem Backend heraus lässt sich bequem mit einem Klick alles updaten, was aus dem Verzeichnis von *WordPress.org* stammt. Die nicht zu übersehenden Aktualisierungsmeldungen werden auch für nicht aktivierte Plugins angezeigt.

Besondere Spielregeln gelten für Plugins außerhalb von *WordPress.org*. Diese müssen manuell aktualisiert werden, in der Regel per FTP. Über neue Versionen müssen Sie sich direkt auf den Herstellerseiten informieren.

Plugins deaktivieren und löschen

Temporär nicht benötigte Plugins sollten Sie deaktivieren. Wenn Sie sich endgültig von einem Plugin verabschieden möchten, deaktivieren Sie es ebenfalls und löschen es in einem zweiten Schritt. Mit dem Entfernen von Karteileichen sparen Sie sich deren ständiges Aktualisieren.

PLUGIN-SUCHT ERKENNEN UND BEHANDELN

Der WordPress-Webmaster ist ständig in Gefahr, ein kritisches Plugin-Sucht-Stadium zu erreichen. 10 Plugins gehen völlig in Ordnung. Für 20 Plugins auf einer Website kann es gute Gründe geben. Ab 30 Plugins sollten Sie aber einen auf WordPress spezialisierten Therapeuten aufsuchen. Gegen zu viele Plugins sprechen gewichtige Argumente: Das System wird mit jedem Plugin langsamer, technisch instabiler und offener für den Angriff von Schadcode.

2.17   Webmasters Helferlein

Die folgenden Plugins werden von den Besuchern gar nicht bemerkt. Sie erleichtern aber das Leben des Webmasters, indem sie ihn von notwendigen wie nervigen Routineaufgaben befreien.

Antispam Bee

Die Welt ist voller Verrückter. Einige davon befinden sich in Amt und Würden, andere im Spam-Business. Spam wird leider von der Kommentarfunktion in WordPress geradezu magisch angezogen. Schnell tummeln sich auf einer nicht abgesicherten Website diverse Links zu windigen Verdienstmöglichkeiten, gefälschten Markenartikeln und dubiosen Potenzmitteln.

WordPress hat zwar mit dem vorinstallierten Plugin Akismet ein Hausmittel an Bord, allerdings müssen Sie sich für die Aktivierung extra auf einer Seite registrieren und einen von dort erhaltenen API-Schlüssel (Zahlencode) in WordPress eingeben. Schneller kommen Sie mit der Installation und Aktivierung von Antispam Bee ans Ziel.

Das kleine Plugin leistet eine zuverlässige Abwehr gegen Kommentar-Spam jeder Art. Dabei ist es einfach zu bedienen und schon in der Grundkonfiguration sehr treffgenau eingestellt. Falls es nötig ist, kann man als Webmaster noch nachjustieren. Im Gegensatz zu Akismet ist Antispam Bee auch für kommerzielle Websites kostenlos.

Broken Link Checker

Wer über längere Zeit ein Blog betreibt, kennt das Problem: Vor allem von älteren Beiträgen führen immer mehr ausgehende Links auf Fehlerseiten. Das passiert zum Beispiel, wenn sich die URLs der verlinkten Seiten nach einer CMS-Umstellung geändert haben. Ärgerlich sind solche Irrwege nicht nur für die Besucher, sondern auch in Hinblick auf die Suchmaschinenoptimierung. Eine Website mit vielen toten Links wird von Google und Konsorten abgestraft.

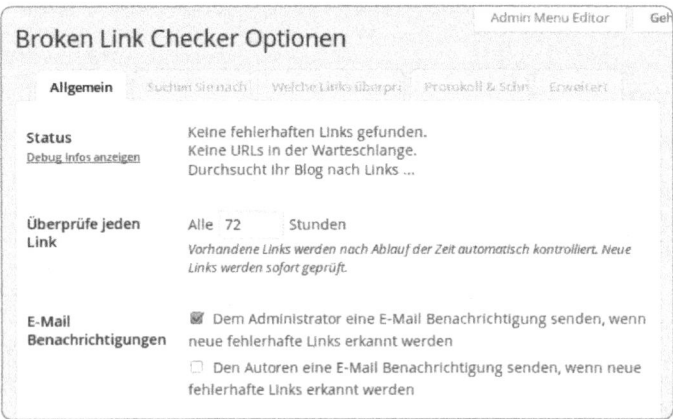

Zuverlässig überprüft der Broken Link Checker alle internen und externen Links der Site. Auf Wunsch werden Administratoren und Autoren per E-Mail über fehlerhafte Links informiert.

Abhilfe schafft der Broken Link Checker. In einem definierten Turnus, vorgegeben sind 72 Stunden, überprüft das Plugin sämtliche Links – innerhalb der Site und nach außen. Fehlerhafte URLs werden zuverlässig angezeigt. Sie können sie dann komfortabel und schnell löschen, sogar ohne den Beitrag oder die Seite selbst aufrufen zu müssen. Für größere Projekte ist dieses Plugin einfach Pflicht!

BackWPup Free

Backups sind wichtig. Leider merkt man das als Admin oft erst im Katastrophenfall, sprich, wenn das System nach einem Update nicht mehr richtig funktioniert oder der Webspace durch Schadcode korrumpiert wurde. Gut, wenn man dann vorgesorgt hat, aber das manuelle Sichern erfordert eine gewisse Disziplin, die nicht jedem in die Wiege gelegt wurde.

Zur automatischen Sicherung gibt es eine Reihe von Plugins, empfehlenswert ist BackWPup Free. Mit diesem Plugin können Sie beide Teile einer Installation regelmäßig sichern: Datenbank und Dateien. Der Speicherort ist konfigurierbar. Sie können sich die Sicherungen sogar per E-Mail zusenden lassen.

2.18   Share-Buttons für soziale Netzwerke

Im Kapitel über Menüs haben Sie die erste Stufe der Verbindung von WordPress und den sozialen Netzwerken kennengelernt, die einfache Verlinkung. Mit dem folgenden Plugin wird die zweite Stufe gezündet: Besucher sollen die Beiträge der Tanzschule Mustermann auf Facebook, Twitter und Google Plus teilen.

Simple Share Buttons Adder

Die Share-Buttons-Plugins funktionieren alle sehr ähnlich. Zunächst werden die gewünschten Netzwerke ausgewählt, wofür kein eigener Account erforderlich ist. Anschließend kann das Design an Ihre Site angepasst werden. Das hier abgebildete Plugin *Simple Share Buttons Adder* bietet sehr komfortable Einstellungsmöglichkeiten für Zuordnung, Position und Erscheinungsbild der Buttons.

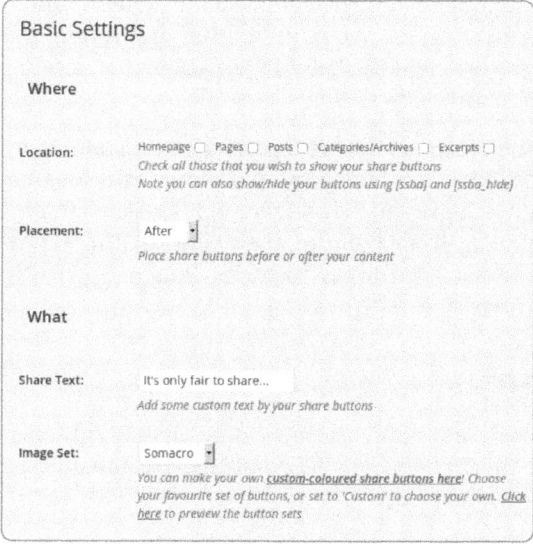

Die Einstellungsmöglichkeiten des *Simple Share Button Adders*. Hier können Sie auch einen kleinen Text vor den Buttons eingeben und verschiedene Images-Sets wählen.

Share-Buttons im Einsatz

Und so sieht das Ergebnis in der Praxis aus: Am Ende des Beitrags zum Karten-vorverkauf laden die Buttons zum Teilen ein. Der Kapellmeister des Kaiser-orchesters wird den Service sicher gerne nutzen und die Veranstaltung auf Facebook, Twitter und Google+ weiterempfehlen. Auf ein rauschendes Fest!

Karten zum Abschlussball

Der große Abschlussball wirft seine Schatten voraus. Musikalisch begleiten wird uns zum ersten Mal das Kaiserorchester! Tickets ab sofort erhältlich!

Beitrag teilen:

Ausgewählt wurde hier die Platzierung nach dem Beitragstext. Vorangestellt ist die Aufforde-rung *Beitrag teilen*.

2.19   Back-up ist wichtig

Besser vorher als nach einer Katastrophe: Daten sichern! Mit WordPress – Hausmitteln lässt sich einiges sehr schnell über das Backend sichern. Gehen Sie dazu auf *Werkzeuge/Daten exportieren*. Voreingestellt ist die Option *Alle Inhalte*, für Beiträge und Seiten. Mit einem Klick auf Export-Datei herunterla-den erhalten Sie nun alle Daten – fast!

Außer Acht lässt WordPress nämlich die im Backend getätigten Einstellungen, die Inhalte der Mediathek und alle selbst installierten Themes und Plugins. Zudem verpackt WordPress das Ganze im hauseigenen WXR-Format. Um dieses Format wieder einzuspielen, brauchen Sie aber eine funktionieren-de WordPress-Installation sowie ein WordPress-Importer-Plugin. So richtig Freude kommt da nicht auf.

Sicherung der Dateien via FTP

Wer eine leicht wiederherzustellende Eins-zu-eins-Kopie der WordPress-Installation bevorzugt, sichert die Dateien per FTP und die Datenbank per phpMyAdmin. Los geht es mit den Dateien.

Öffnen Sie Ihr FTP-Programm und gehen Sie nun zur Installation umgekehrten Weg. Am besten ziehen Sie den gesamten WordPress-Ordner auf Ihren lokalen Rechner. Mit dieser Methode wird auch eine möglicherweise nicht im FTP-Client angezeigte .htaccess-Datei sicher übertragen.

Sicherung der Datenbank via phpMyAdmin

Die Datenbank sichern Sie über phpMyAdmin, das Verwaltungstool für MySQL-Datenbanken. Die URL und die Zugangsdaten haben Sie von Ihrem Provider erhalten und hoffentlich notiert. Falls nicht, müssen Sie sich noch einmal im Backend des Providers informieren.

Loggen Sie sich in phpMyAdmin ein, wählen Sie die WordPress-Datenbank aus und klicken Sie auf das Register *Exportieren*. Laden Sie die markierte Datenbank dann herunter. Sie erhalten eine SQL-Datei. Im Verbund mit den Dateien lässt sich WordPress nun wieder vollständig rekonstruieren. Damit ist der Admin für alle Fälle gewappnet.

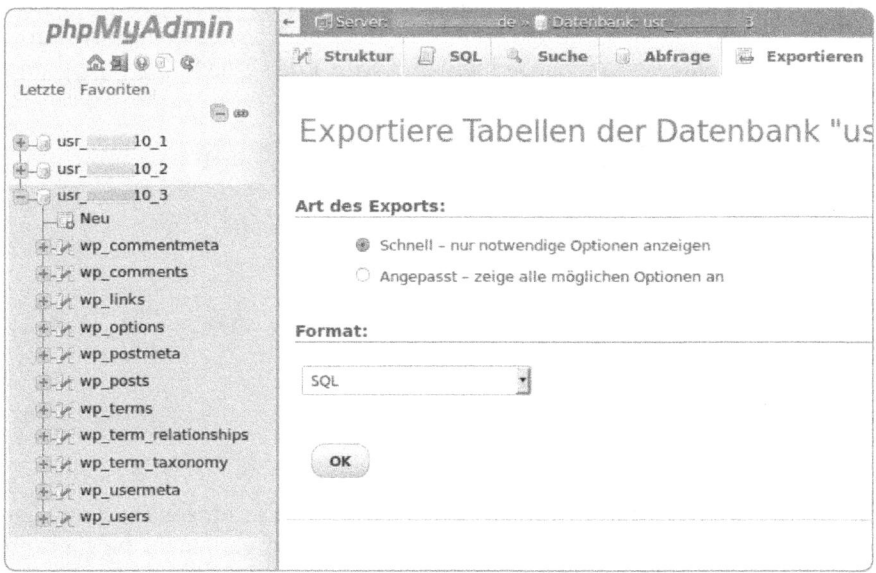

Export der Datenbank im SQL-Format.

2.20   Aktualisierungen

Eine WordPress-Site ist ein Dauerläufer. Sie können Ihr Projekt – und das unterscheidet WordPress positiv von anderen Systemen – über Jahre und (bisher) auch über ein Jahrzehnt weiterbetreiben. Voraussetzung ist, dass Sie die Site ständig aktualisieren – aus Sicherheitsgründen und um die technischen Neuerungen nicht zu verpassen.

Für den WordPress-Kern, die Themes und die Plugins, veröffentlichen die Entwickler in mehr oder weniger regelmäßigen Abständen neue Versionen. Die kleinen Sicherheitsupdates des Kerns, erkennbar an der dritten Versionsziffer, spielt WordPress automatisch ein. Sie müssen also nicht selbst von 4.1.1 auf 4.1.2 aktualisieren, sondern nur auf 4.2., 4.3., 4.4. usw.

Die Updatemeldungen

Nicht zu übersehen sind die Benachrichtigungen über verfügbare Updates im WordPress-Backend direkt auf dem Dashboard. Um seine Sicherheit besorgt, addiert WordPress dabei die Anzahl der zu aktualisierenden Komponenten. Näheres erfahren Sie, wenn Sie links den Menüpunkt anklicken. Das Ganze liest sich wie eine Getränkebestellung: 1 x WordPress selbst, 3 x Plugin und 2 x Themes bitte. Aber zügig!

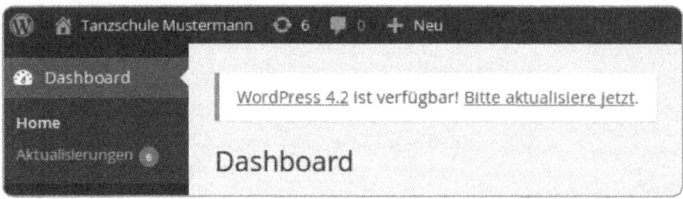

Das Dashboard meldet Updatebedarf.

Vor dem Update sichern

Eventuell müssen Sie noch einmal Ihre FTP-Zugangsdaten eingeben. Dies hängt von der Rechtevergabe des Providers ab. Ansonsten verlaufen die meisten Updates bei WordPress problemlos. Doch Vorsicht ist die Mutter der Porzellankiste. Vor dem Update sollten Sie Ihre Installation sichern und ein Backup anlegen!

Probleme kann es zum Beispiel geben, wenn die Internetverbindung während des Updates zusammenbricht oder wenn Plugins nicht mehr mit der neuesten WordPress-Version zusammenarbeiten.

WordPress aktualisieren

Hilfe ▾

Verbindungsinformation

Um diese Aktion durchführen zu können, benötigt WordPress Zugriff auf deinen Webserver. Bitte gib die FTP-Serverdaten ein, um fortzufahren. Falls du deine Zugangsdaten vergessen hast, so solltest du bei deinem Webhoster nachfragen.

Hostname

FTP-Benutzername

FTP-Passwort

Dieses Passwort wird nicht auf dem Server gespeichert.

Verbindungstyp   ⦿ FTP ◯ FTPS (SSL)

Fortfahren

Bei einigen Providern müssen Sie für das Update hier noch einmal Ihre FTP-Zugangsdaten eingeben.

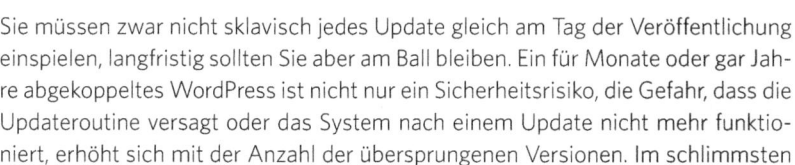

KEINE UPDATES ÜBERSPRINGEN

Sie müssen zwar nicht sklavisch jedes Update gleich am Tag der Veröffentlichung einspielen, langfristig sollten Sie aber am Ball bleiben. Ein für Monate oder gar Jahre abgekoppeltes WordPress ist nicht nur ein Sicherheitsrisiko, die Gefahr, dass die Updateroutine versagt oder das System nach einem Update nicht mehr funktioniert, erhöht sich mit der Anzahl der übersprungenen Versionen. Im schlimmsten Fall müssen Sie dann wieder von vorne anfangen.

Update von Themes und Plugins

Alle Themes und Plugins aus dem Theme- bzw. Plugin-Directory von Word-Press »melden« sich von selbst, wenn ein Update vorliegt. Das Update gelingt in der Regel problemlos. Sie setzen einen Haken vor *Themes* bzw. *Plugins aktualisieren* und starten das Update.

Bedenken Sie aber, dass Änderungen, die Sie im Stylesheet oder anderen Dateien vorgenommen haben, mit dem Update überschrieben werden können. Um das zu vermeiden, können Sie mit Child-Themes arbeiten. Alle externen Themes und Plugins müssen per FTP aktualisiert werden.

Bei Problemen mit Plugin-Updates empfiehlt sich folgende Vorgehensweise:

1. Plugin deaktivieren.

2. Update durchführen.

3. Plugin wieder aktivieren.

Drei empfehlenswerte Plugins, die sich über das Backend installieren lassen, stelle ich im Folgenden vor:

NextGEN Gallery. Ein Bild sagt mehr als 1000 Worte. Aber nur, wenn es auch gefunden wird! Für ein paar Schnappschüsse reicht die in WordPress eingebaute Galeriefunktion aus, aber nicht für die vielen Bilder des Abschlussballs der Tanzschule Mustermann. Damit die Paare auch auf der Website zur Geltung kommen, muss ein Plugin ans Werk. Bei Fotofreunden sehr beliebt ist NextGen Gallery.

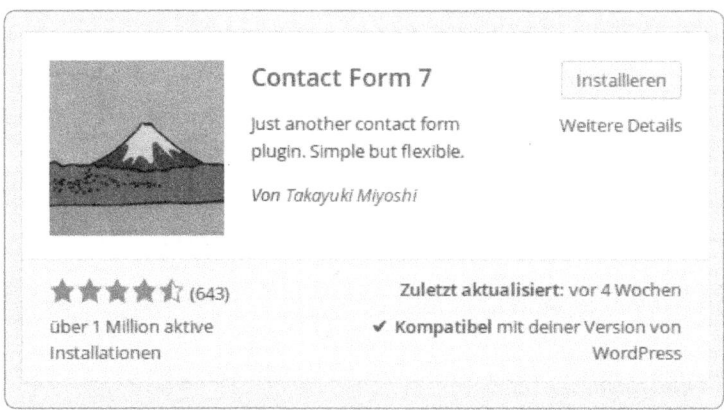

Contact Form 7. Auf Websites nicht mehr zeitgemäß sind Verweise auf eine E-Mail-Adresse. Dieses beliebte Plugin bietet die Möglichkeit an, Nachrichten an den Websitebetreiber ganz bequem über ein Kontaktformular zu versenden.

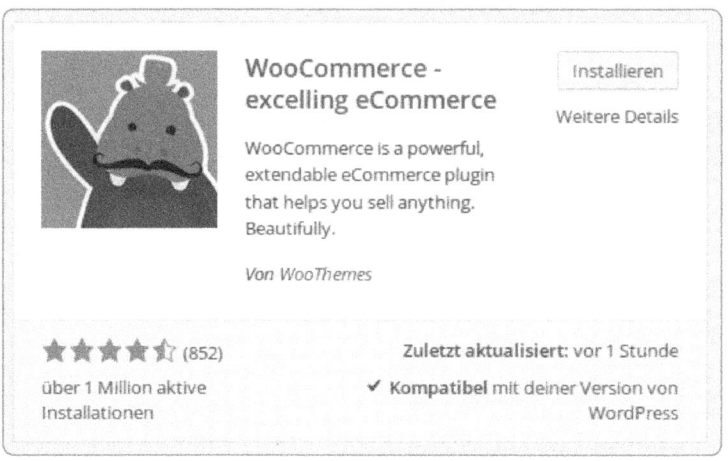

Ein eigener Webshop mit WordPress? Mit WooCommerce ist das kein Problem. Allerdings ist nicht jedes Theme für dieses Plugin tauglich. Der Haken rechts unten zeigt nur an, dass die WordPress-Version kompatibel ist. Das minimalistische Twenty Tifteen sollten Sie als Shopbetreiber nicht verwenden. Geben Sie bei der Suche nach passenderen Themes »WooCommerce« oder »Shop« in den Filter ein.

WORDPRESS FÜR PROFIS

Vor dem Siegeszug von WordPress und anderen Content-Management-Systemen bestand das Web zumeist aus HTML-Seiten. Funktion und Darstellung waren auf dem heimischen Computer und dem Server nahezu identisch. Mit dem Betrieb eines Servers musste sich der Webmaster deshalb nur in Ausnahmefällen beschäftigen. Heute ist zwar die Seitenerstellung viel einfacher geworden, die technischen Anforderungen sind aber gewachsen.

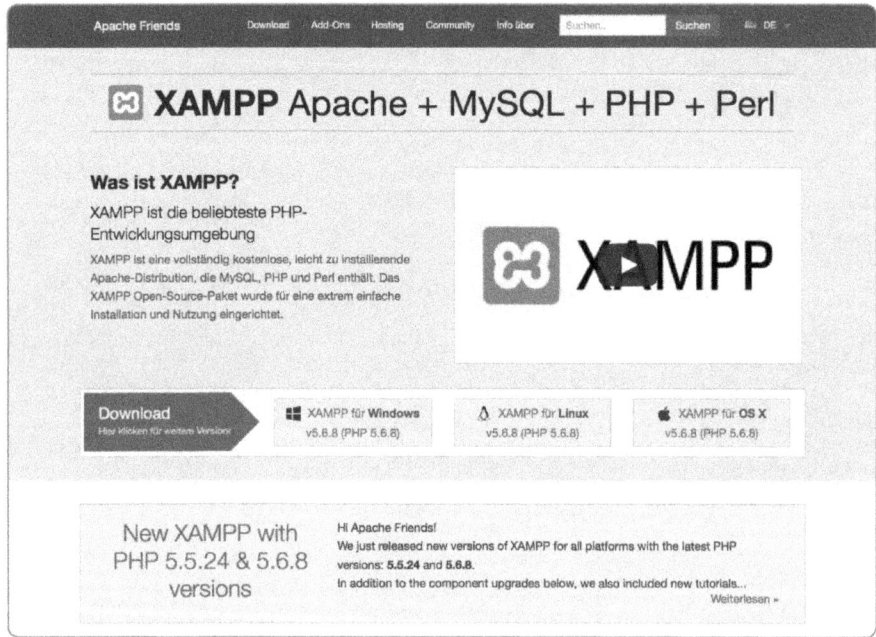

Download der PHP-Entwicklungsumgebung XAMPP bei *www.apachefriends.org/*.

3.1 Lokalen Webserver aufsetzen

Voraussetzung für Installation und Betrieb von WordPress ist eine Umgebung, die die Skriptsprache PHP und die Datenbank MySQL bereitstellt. Üblicherweise erledigt dies ein **Apache-Server**. Auf einem handelsüblichen PC ist der Apache allerdings nicht vorinstalliert. Wer seine WordPress-Site auf dem heimischen Rechner testen möchte, muss deshalb nachrüsten. Im Handumdrehen aufsetzen lässt sich der Webserver mit dem Programm **XAMPP**.

Die Zutaten von XAMPP

Es ist wie an der Currywurstbude. Jeder Buchstabe von XAMPP steht für eine bestimmte Zutat:

- **X** – für ein beliebiges Betriebssystem. XAMPP lässt sich auf Windows, Mac OS und Linux installieren.

- **A** – für den Apache-Server, den weltweit am häufigsten eingesetzten Webserver.

- **M** – für die Datenbank MySQL.

- **P** – für die Programmiersprache PHP.

- **P** – für die Programmiersprache Perl.

XAMPP installieren

XAMPP laden Sie am besten von der Seite *www.apachefriends.org* herunter. Dort steht das Programm in der passenden Version für Ihr Betriebssystem bereit. In Windows klicken Sie dann auf *.exe*, um den *Setup*-Wizard zu starten. Am besten wählen Sie den voreingestellten Ordner als Zielordner. Die Installation auf dem Mac verläuft ähnlich. Übernehmen Sie auch dafür einfach die vorgegebenen Installationseinstellungen.

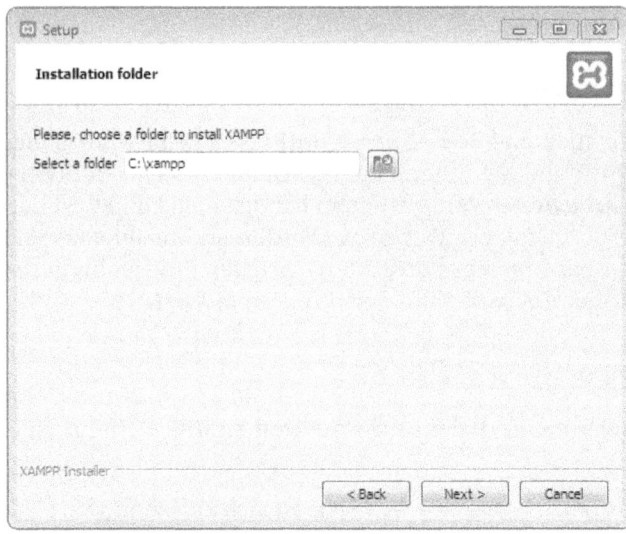

XAMPP schlägt einen Installationsordner vor. Es spricht nichts dagegen, diesen zu übernehmen.

Windows-User führt die Installationsroutine zu einem großen Auswahlbildschirm. Auf jeden Fall aktiviert haben sollten Sie *Apache, MySQL, PHP* und *phpMyAdmin*. Mit letzterem Tool greifen Sie komfortabel auf die MySQL-Datenbank zu. Ohne *phpMyAdmin* bleibt nur die MySQL-Kommandozeile.

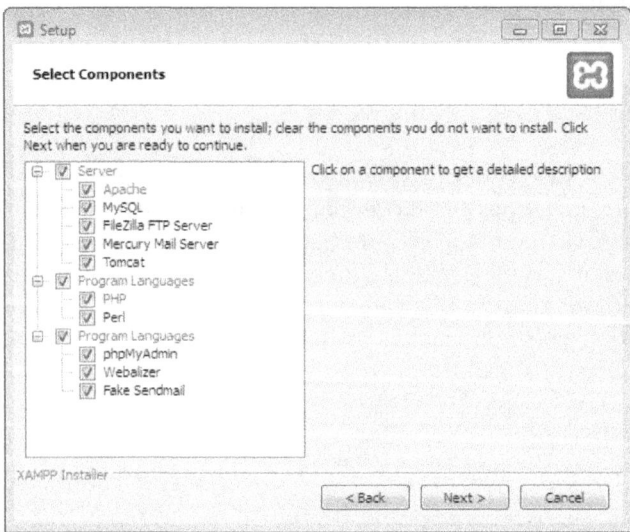

Die voreingestellten XAMPP-Komponenten können übernommen werden.

Perl sollten Sie vorsichtshalber mit installieren. Die Komponenten *FileZilla FTP Server, Mercury Mail Server, Tomcat, Webalizer* und *Fake Sendmail* werden für die Arbeit mit WordPress nicht benötigt. Der Einfachheit halber können Sie aber die Voreinstellungen lassen. Der Vorteil von XAMPP ist, dass es »out of the box« läuft. Sie müssen sich also nicht um jedes Detail kümmern.

In der Mac-Variante sind die Auswahlmöglichkeiten etwas geringer. Klicken Sie einfach auf *Next*.

Am Ende der Installation fragt XAMPP, ob das Control Panel gestartet werden soll. Ja bitte!

Alles im Griff mit dem Control Panel

So sieht das *XAMPP Control Panel* in Windows nach der Installation aus. Etwas spartanischer kommt das Gegenstück auf dem Mac daher, der XAMPP Application Manager. Noch sind allerdings keine Dienste gestartet. Damit der Server mit der Arbeit beginnen kann, müssen Sie zwei Startknöpfe drücken, und zwar für *Apache* und *MySQL*. Die drei anderen Dienste können Sie ignorieren.

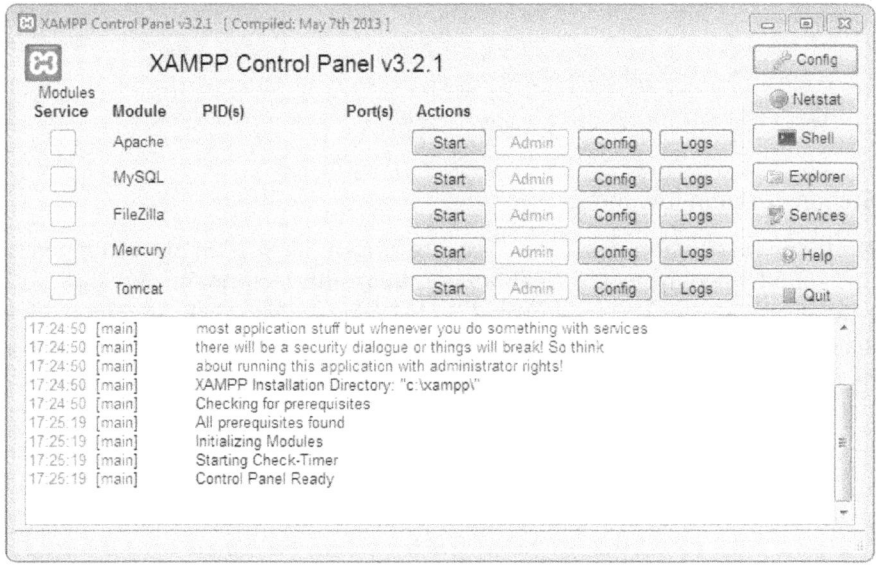

Das *XAMPP Control Panel* wartet auf den Start der Module *Apache* und *MySQL*.

Apache macht Feuer – Server starten

Nach dem Start des Apache-Servers kann es sein, dass sich auf Windows-Systemen die Firewall meldet. Das ist aber kein Grund zur Panik. Klicken Sie einfach auf *Abbrechen*, bis der Schirm verschwindet.

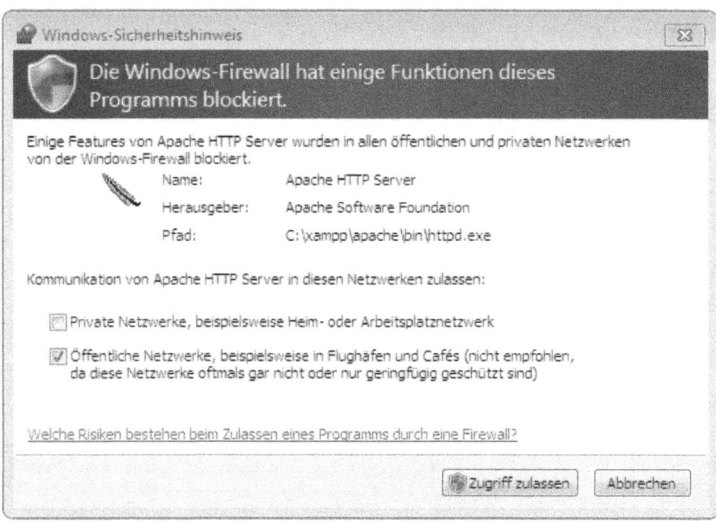

Die Firewall meldet sich? Klicken Sie dieses Fenster einfach weg.

Surfen auf dem localhost

Nach der Installation des XAMPP-Pakets dürfen Sie sich an ein völlig neues Surfgefühl gewöhnen. Der Webbrowser dient nun nicht mehr nur dem Aufrufen von Websites im weiten Word Wide Web, sondern auch auf dem heimischen Computer. Eine bereits aufrufbare Seite Ihres Apachen finden Sie unter *http://localhost/* – ohne *www*. Dort sollten Sie zur Kontrolle einmal hinsurfen und den Hinweis finden, dass der Apache läuft.

MySQL-Datenbank anlegen

In Kapitel 1.5, »Datenbank für WordPress anlegen«, wurde die Datenbank im Backend des Providers angelegt. Jetzt sind Sie selbst der Provider. Unter der Adresse *http://localhost/phpmyadmin* erreichen Sie die grafische Oberfläche zur Verwaltung.

Klicken Sie dort auf das Register *Datenbanken*. Anschließend öffnet sich das Eingabefeld *Neue Datenbank anlegen*. Links geben Sie einen Datenbanknamen ein, zum Beispiel *wordpressbank*. Merken Sie sich diesen Namen, denn er wird für die Installation gebraucht.

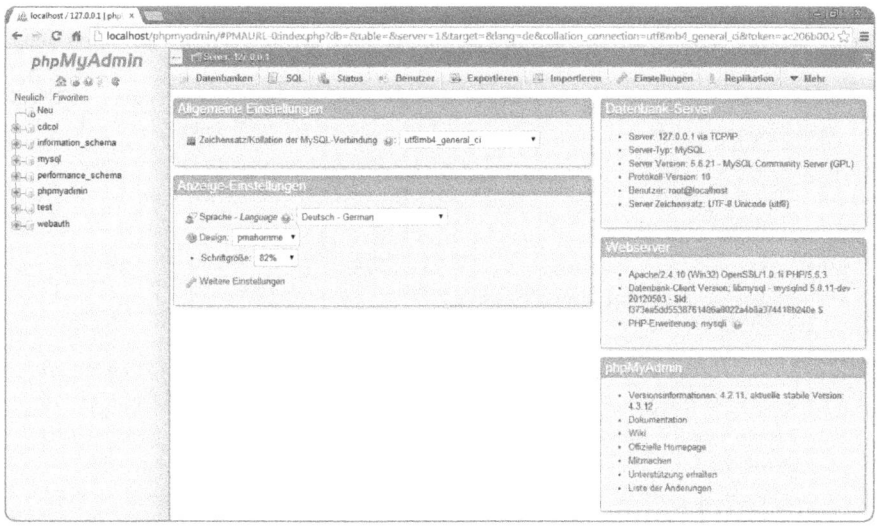

phpMyAdmin auf dem *localhost*. Hier wird die Datenbank für WordPress erstellt.

Keine Angst vor Kollationen

Im Drop-down-Menü rechts können Sie sogenannte Kollationen wählen. Damit werden die Zeichensätze Ihrer Datenbank definiert. Falls Sie zum Beispiel Indologe sind und Sanskrit benötigen, müssen Sie sich mit diesem Thema näher auseinandersetzen. Andernfalls nehmen Sie utf8_unicode_ci und notieren sich diese gewählte Kollation. So vermeiden Sie Probleme beim Überspielen von Datenbanken – damit nach einem Provider- oder Domainwechsel alle Umlaute wieder richtig dargestellt werden.

Mit der Kollation utf8_unicode_ci werden alle Umlaute korrekt dargestellt.

XAMPP-SICHERHEITSHINWEIS

XAMPP in zwei Worten: Es läuft! Das System erfordert im Vergleich zu allen anderen Serverpaketen eine wesentlich geringere Einarbeitungszeit. Gespart wurde dafür an neuralgischen Punkten der Sicherheit: Der MySQL-Admin mit Namen root hat kein Passwort, und nicht einmal das Verwaltungstool phpMyAdmin ist geschützt. Zudem sind die Verzeichnisrechte äußerst tolerant vergeben. Kommen Sie also niemals auf die Idee, XAMPP als Produktivsystem auf einen Webserver zu spielen. Das Ding wäre in fünf Minuten gehackt.

XAMPP ist eine Testumgebung – und nur eine Testumgebung.

Falls Sie auch zu Hause die höchste Sicherheitsstufe einhalten möchten, sind diese beiden Regeln Pflicht:

❶ Apache über das XAMPP Control Panel ausschalten, wenn Sie nicht damit arbeiten.

❷ Computer vom Internet trennen, wenn der Apache läuft.

3.2   WordPress lokal installieren

XAMPP läuft, und eine Datenbank ist angelegt? Unter diesen Voraussetzungen kann ein frisches WordPress lokal installiert werden. Dieses Kapitel zeigt, wie es funktioniert. Bevor die Installation beginnt, prüfen Sie den Serverstatus durch Aufruf des *XAMPP Control Panel*. Die Module *Apache* und *MySQL* müssen aktiviert sein.

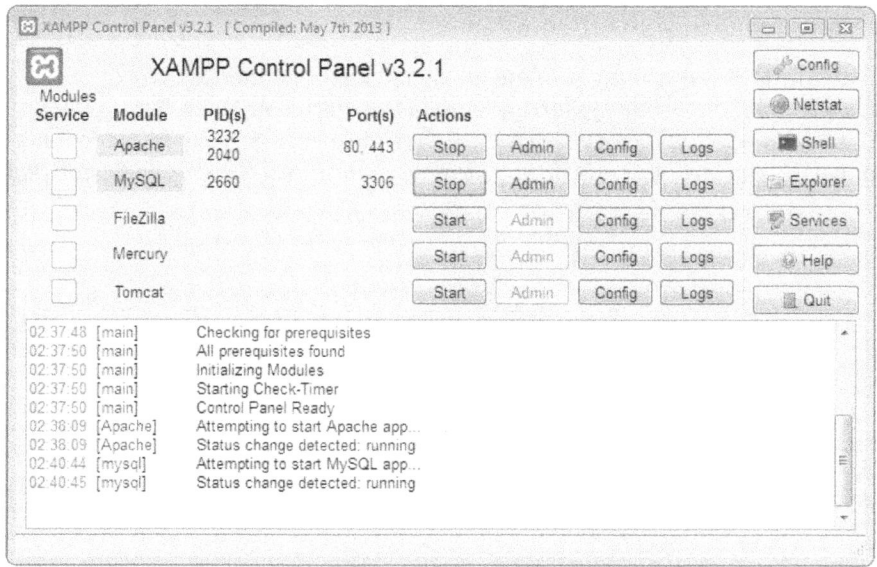

Die beiden Module *Apache* und *MySQL* wurden gestartet. In der Spalte *Actions* werden für laufende Module *Stop*-Buttons angezeigt.

WordPress-Installationsverzeichnis anlegen

Das Wurzelverzeichnis des XAMPP-Servers heißt *htdocs*. Sie finden es unter diesem Pfad:

- Windows: *C:\xampp\htdocs*
- Mac OS X: */Programme/XAMPP/xamppfiles/htdocs*

Nur Sites, die sich innerhalb des *htdocs*-Ordners befinden, können später unter der URL *localhost* aufgerufen werden. Sie können WordPress direkt ins *htdocs*-Verzeichnis installieren, aber erfahrungsgemäß kommen mit der Zeit weitere Projekte hinzu. Legen Sie am besten ein Unterverzeichnis mit dem Namen *wordpress* an. Die Site wird dann unter der Adresse *http://localhost/wordpress* zu finden sein.

Lokale Installations-URL aufrufen

In der XAMPP-Umgebung auf dem lokalen Rechner können Sie WordPress ein bisschen auf die Probe stellen und auf das vorherige Anlegen der Konfigurationsdatei *wp-config.php* verzichten. Geben Sie ganz unverfroren die Installations-URL im *localhost* ein: *http://localhost/wordpress/wp-admin/install.php*

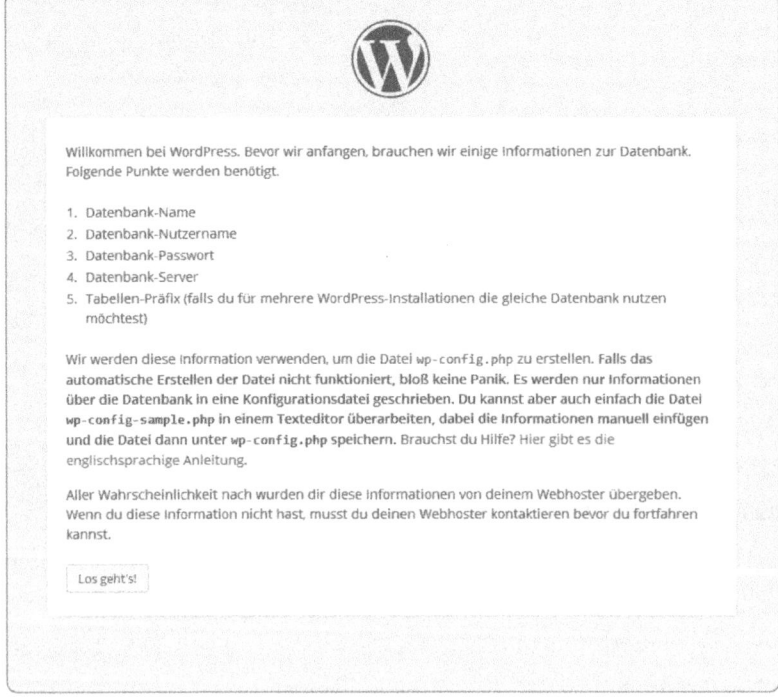

WordPress beschwert sich, weil noch keine *wp-config.php* erstellt wurde.

Danach weist sie WordPress in stoischer Sanftmut auf die »vergessene« Konfigurationsdatei hin. Und so ganz nebenbei listet der Screen noch auf, wie das Problem zu beheben ist. Es ist an der Zeit, die WordPress-Entwickler dafür mal wieder zu loben! Weiter geht es mit dem ermunternden *Los geht's*-Button. Im darauffolgenden Fenster können Sie die benötigten Datenbankzugangsdaten nachreichen.

- *Datenbank-Name* – »wordpressbank«, falls Sie diesen Namen bei der Erstellung gewählt haben.

- *Datenbank-Nutzername* – »root«, den voreingestellten Namen des XAMPP-Servers.

- *Datenbank-Passwort* – Dieses Feld bleibt leer.

- *Datenbank-Server* – »localhost«.

- *Tabellen-Präfix* – »wp_«.

Dank der toleranten XAMPP-Rechtevergabe hilft sich WordPress selbst und erstellt die benötigte *wp-config.php*. Kleine Anmerkung: Das Prinzip funktioniert auch bei manchen Providern.

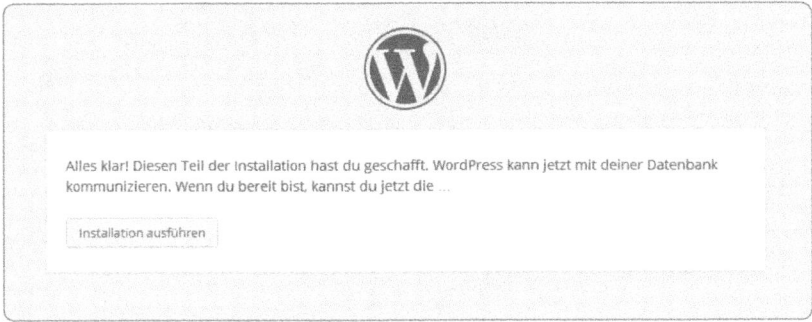

Alles klar! Diesen Teil der Installation hast du geschafft. WordPress kann jetzt mit deiner Datenbank kommunizieren. Wenn du bereit bist, kannst du jetzt die …

Installation ausführen

WordPress meldet, dass die Konfigurationsdatei angelegt wurde.

Aufatmen! WordPress meldet: Die Kommunikation mit der Datenbank läuft. Die Zugangsdaten stimmen also. Weiter geht es dann mit dem Willkommensschirm, der in gewohnter Manier zur Eingabe diverser benötigter Informationen auffordert.

Lokale Installation abschließen

Auf diesem Screen unterscheidet sich die lokale nicht von der Providerinstallation. Nach der Eingabe von *Seitentitel, Benutzername, Passwort, doppelt* und *Deine E-Mail-Adresse* ist die Installation mit Klick auf *WordPress installieren* beendet. Sie verfügen nun über ein lokales WordPress-System.

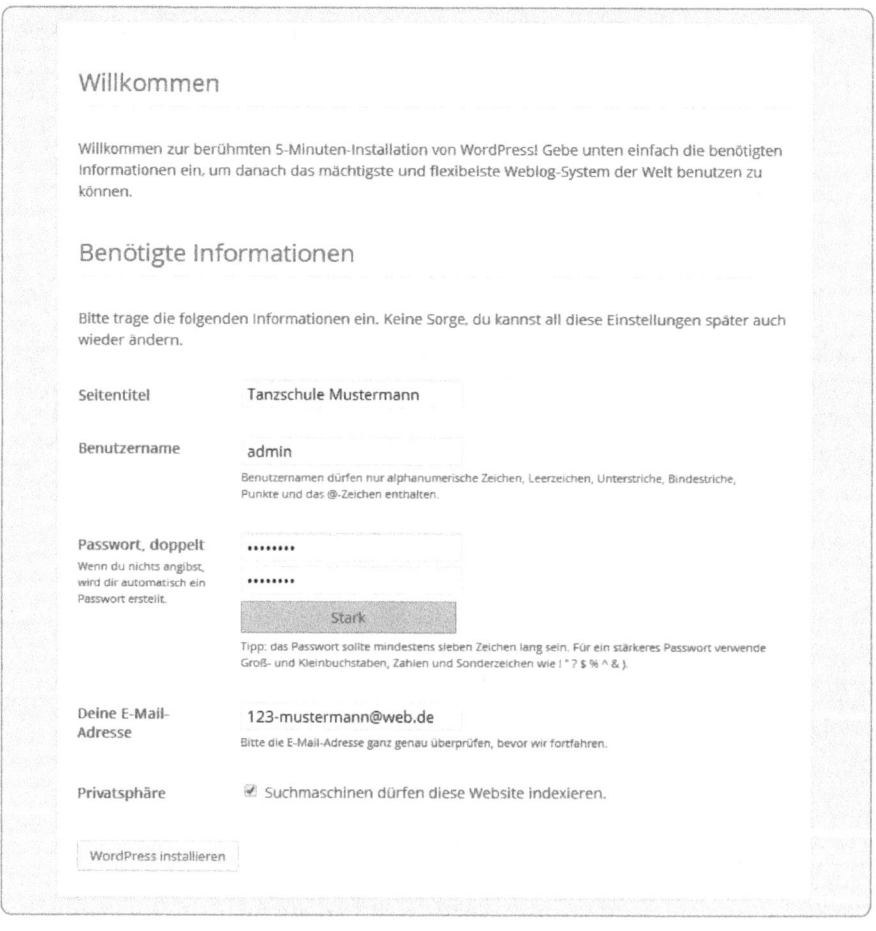

Jetzt auch auf dem *localhost*: die »5-Minuten-Installation«.

Login local

Nach der erfolgreichen Installation leitet Sie WordPress auf den Log-in-Screen weiter. An der URL ist zu erkennen, dass Sie sich auch tatsächlich auf dem *localhost* befinden. Jetzt verfügen Sie über eine vernünftige Testumgebung für WordPress und die zugehörigen Themes und Plugins.

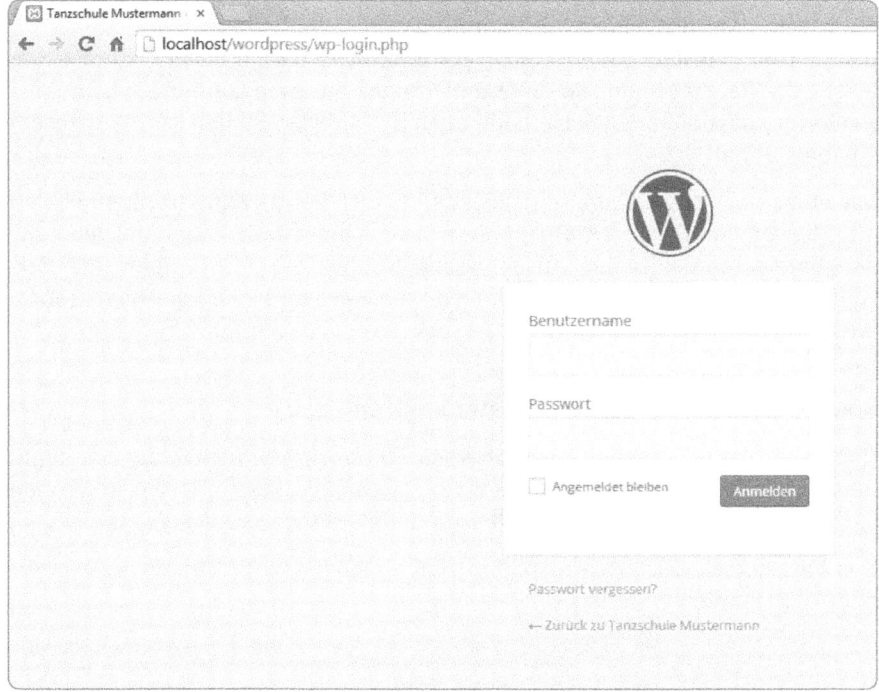

Log-in auf der lokalen WordPress-Installation.

3.3 WordPress lokal spiegeln

Trotz aller Vorsichtsmaßnahmen kann es passieren, dass Ihr Webspace von Schadcode befallen wird. In diesem Fall greifen Provider schon mal zu radikalen Maßnahmen und sperren Ihre Website durch ein pauschales Herabsetzen der Rechte für alle Verzeichnisse und Dateien. Möglicherweise war ein Plugin für den Einbruch verantwortlich.

Auch wenn Sie das Plugin per Hand aus dem Plugin-Verzeichnis der Live-Installation gelöscht haben, bleibt ein mulmiges Gefühl zurück. Zum einen wurde das Rechteschema stark verändert, zum anderen können Sie nicht ausschließen, dass sich der Schadcode auch an anderen Stellen von WordPress eingenistet hat.

Mit einer vorher gespiegelten Website sparen Sie im Katastrophenfall Zeit und Nerven. Auf Ihrem XAMPP können Sie das betroffene Plugin in aller Ruhe deaktivieren und löschen. Anschließend löschen Sie alle Dateien und Verzeichnisse auf Ihrem kompromittierten Webspace und laden das unversehrte WordPress aus dem XAMPP hoch.

Spiegelverzeichnis und neue Datenbank anlegen

Damit die bisherige Arbeit nicht überschrieben wird, brauchen Sie zuerst ein neues Unterverzeichnis und eine neue Datenbank. Passenderweise nennen Sie das Verzeichnis *spiegelverzeichnis* und die Datenbank *spiegelbank*.

Das Verzeichnis lässt sich über den Dateimanager (z. B. Windows Explorer oder OS X Finder) erstellen.

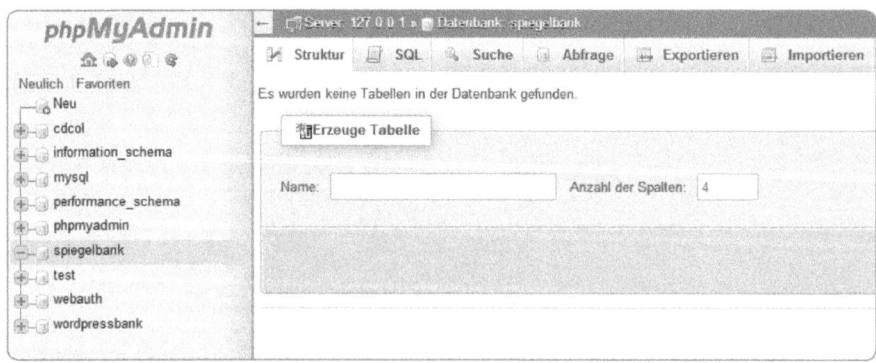

Über phpMyAdmin wurde eine leere Datenbank erzeugt.

Für die Datenbank rufen Sie phpMyAdmin auf. Dort gehen Sie im Menü oben auf *Datenbanken* und *Neue Datenbank anlegen*. Sie erhalten eine leere Datenbank ohne Tabellen.

Dateien und Datenbank von live auf local

Zunächst brauchen Sie die gesicherte Installation des Live-Systems, und zwar die Dateien und die Datenbank. Beides liegt auf Ihrem lokalen Rechner und muss an die richtige Stelle bugsiert werden, die Dateien müssen ins Spiegelverzeichnis, das soeben angelegt wurde. Dabei gilt: Nichts wird neu installiert, alles wird eins zu eins dorthin verschoben!

Etwas komplizierter ist es, die Datenbank zu spiegeln. Der Weg führt über die Importfunktion von phpMyAdmin. Rufen Sie zunächst die erstellte *spiegelbank* auf. Sie ist noch leer. Dann gehen Sie im Menü oben auf *Importieren*. Wählen Sie die SQL-Datei des Live-Systems aus und starten Sie den Importvorgang.

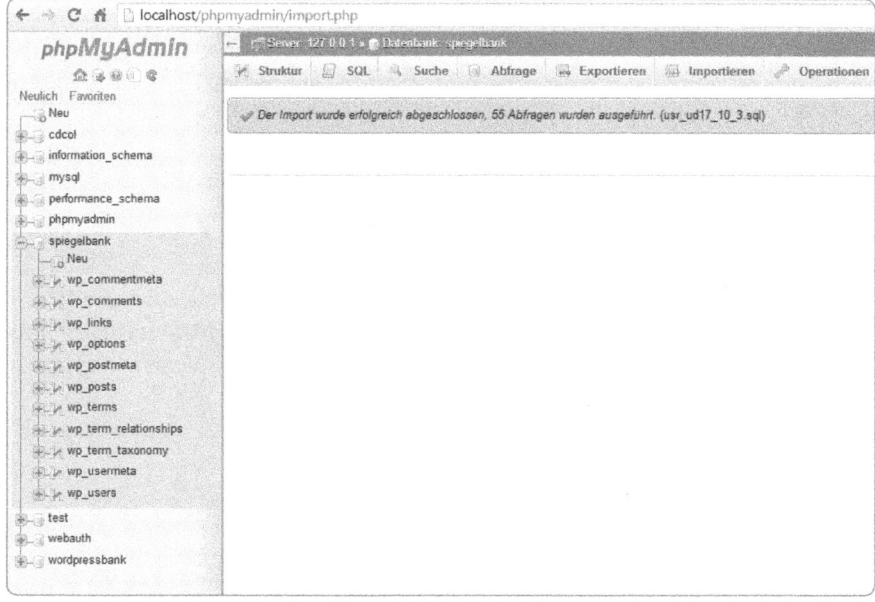

Über das phpMyAdmin des XAMPP wurde die Datenbank des Live-Systems importiert.

URLs neu zuordnen

In der importierten Datenbank ist an zwei Stellen noch die URL der Live-Adresse der Installation eingegeben, beispielsweise *http://www.tanzschule-mustermann.de*. Klicken Sie die Tabelle *wp_options* an.

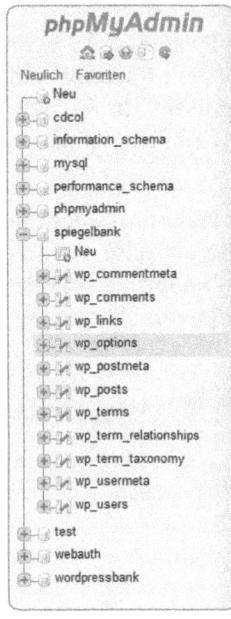

Aufrufen der Tabelle
wp_options.

In der Spalte *option_value* können Sie in den ersten beiden Zeilen die lokale URL eintragen. Sie setzt sich aus *http://localhost/* und dem Unterverzeichnis für die Spiegelung zusammen. Geben Sie *http://localhost/spiegelverzeichnis/* ein!

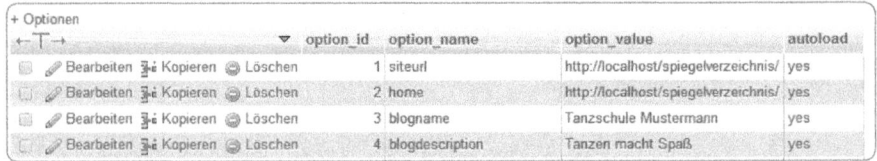

	option_id	option_name	option_value	autoload
🖉 Bearbeiten 👫 Kopieren 🗑 Löschen	1	siteurl	http://localhost/spiegelverzeichnis/	yes
🖉 Bearbeiten 👫 Kopieren 🗑 Löschen	2	home	http://localhost/spiegelverzeichnis/	yes
🖉 Bearbeiten 👫 Kopieren 🗑 Löschen	3	blogname	Tanzschule Mustermann	yes
🖉 Bearbeiten 👫 Kopieren 🗑 Löschen	4	blogdescription	Tanzen macht Spaß	yes

Die Tabelle *wp_options*. Für *siteurl* und *home* wird im Feld *option_value* die lokale URL eingetragen.

Spiegelung auf dem localhost aufrufen

Nach der Anpassung der URLs können Sie die Website auf dem lokalen Server aufrufen. Im Vergleich mit der Live-Installation sind keine Unterschiede festzustellen. Im Katastrophenfall oder für einen Providerwechsel lässt sich Ihre Site auch schnell wieder auf einen neuen Webspace zurückspiegeln.

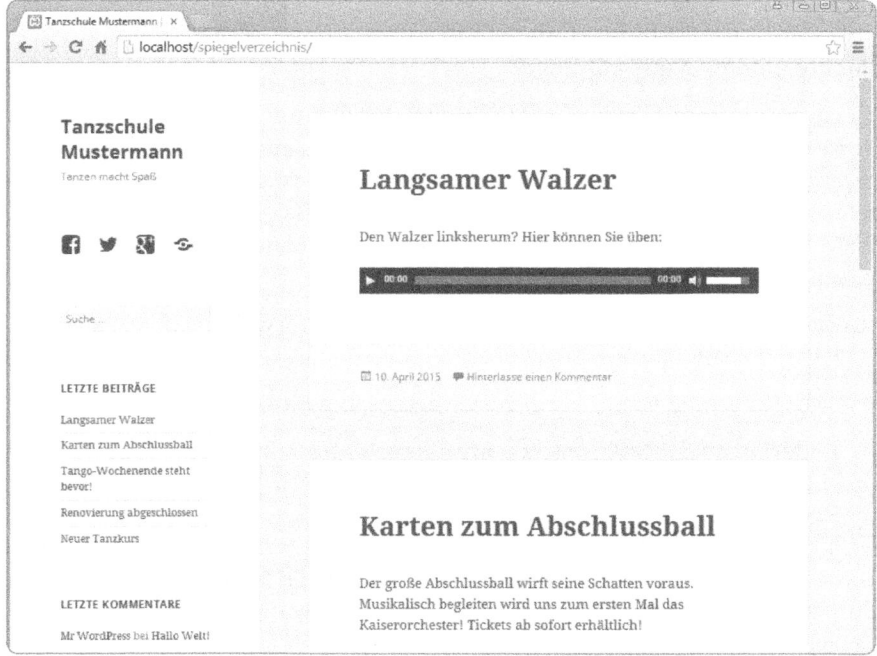

WordPress als exakte Kopie auf dem *localhost*.

Nun haben Sie sich tapfer in XAMPP eingearbeitet. Wie bereits erwähnt, ist er als Testumgebung wunderbar, als Produktivserver aber völlig ungeeignet. Schuld daran ist zu einem erheblichen Teil das allzu tolerante XAMPP-Rechteschema. Im nächsten Kapitel folgt eine kleine Einführung in das System der Dateirechte.

Achten Sie auf Ihre Rechte!

Rechte sind dazu da, den Zugriff auf Verzeichnisse und Dateien zu regeln. Dabei lassen sich drei Zugriffsarten unterscheiden, nämlich Lesen, Schreiben und Ausführen. Das Lesen ist relativ unproblematisch, weil bei diesem Zugriff nichts verändert wird. Die Zugriffe Schreiben und Ausführen hingegen können von Angreifern benutzt werden, um Schadcode einzuschleusen.

Rechte sind providerabhängig

Es hängt auch ein bisschen vom Provider ab, wie die Rechte in Ihrer WordPress-Installation eingestellt sind. Einige verfolgen eine eher tolerante Rechtevergabe, was zulasten der Sicherheit geht, andere vergeben die Zugriffsrechte eher restriktiv – zulasten der Bequemlichkeit. Bei sicherheitsorientierten Providern müssen Sie für WordPress unter Umständen für die folgenden Aufgaben die Rechte temporär erweitern:

- Erzeugung eines Verzeichnisses für die Medienverwaltung oder das Hochladen von Medien.

- Aktualisierungen von WordPress, Themes und Plugins.

- Änderungen des Stylesheets und anderer Dateien im Theme-Editor.

Die Oktalzahlen

Durch das System der Oktalzahlen muss man sich als Admin einmal im Leben durchkämpfen. Übrigens, **755** ist eine häufig verwendete Rechtevergabe für Verzeichnisse.

	BESITZER	GRUPPE	ÜBRIGE
LESEN	4	4	4
SCHREIBEN	2	-	-
AUSFÜHREN	1	1	1
	7	5	5

Los geht's: Für jede der drei »Personen« Besitzer, Gruppe und Übrige können unterschiedliche Rechte vergeben werden. Das Leserecht erhält den Wert 4, das Schreibrecht den Wert 2 und das Ausführungsrecht den Wert 1. Diese drei Werte werden pro Person addiert und dann in einer Reihe von drei Ziffern hintereinandergeschrieben. Anhand der Summe, einer Zahl zwischen 0 und 7, lassen sich die Rechte eindeutig bestimmen.

BEISPIELE

644 bedeutet, dass der Besitzer Lese- und Schreibrechte hat, Gruppe und Übrige haben nur Leserecht. Mit der Vergabe 755, wie auf der Tabelle zu sehen, hat der Besitzer volle Zugriffsrechte. Gruppe und Übrige dürfen lesen und ausführen, aber nicht schreiben.

Rechte ändern mit dem FTP-Client

Der **FTP-Client** ist das geeignete Werkzeug, um die Rechte zu verändern und auch wieder auf den Ausgangswert zurückzusetzen. Markieren Sie zunächst das betreffende Verzeichnis oder die betreffende Datei. Dann lassen Sie sich – in Windows mit einem Rechtsklick – die Eigenschaften anzeigen.

Bevor Sie etwas ändern, notieren Sie sich bitte den aktuellen Zahlenwert, zum Beispiel *755*, die Standardeinstellung für einen Ordner, zu sehen im Beispiel auf dem Bild.

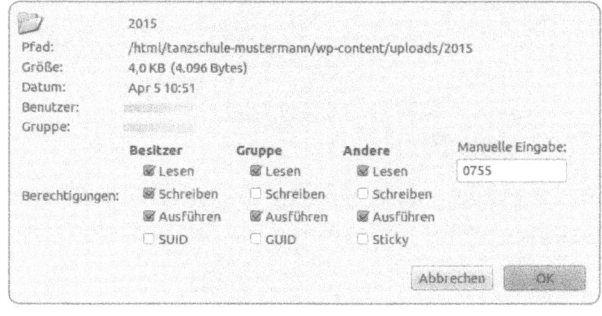

Mit der Rechtevergabe *0755* kann WordPress keinen neuen Ordner innerhalb des Verzeichnisses */wp-content/upload/2015* anlegen. Dazu müssen Sie temporär *777* vergeben!

Mit der Rechtevergabe *755* kann */wp-content/uploads/2015* zwar gelesen, aber nicht beschrieben werden. Dies führt zu folgendem Problem:

Wenn eine Datei in die Medienverwaltung hochgeladen werden soll, scheitert WordPress daran, den üblichen neuen »Monatsordner« anzulegen. Hierzu benötigt WordPress die *777*.

Sie können entweder selbst den benötigten Ordner erstellen oder die Rechte für das Verzeichnis */2015* kurzfristig umstellen. Nachdem WordPress den neuen Ordner angelegt hat, tragen Sie wieder den Ursprungswert *755* ein.

Häufig verwendete Rechteschemata

RECHTE	ERKLÄRUNG
444	Nur Leserechte! Empfehlenswert für Konfigurationsdateien.
644	Standardwert für Dateien. Nur der Besitzer kann Dateien editieren.
666	Alle können Dateien beschreiben. Möglicherweise ein Sicherheitsrisiko!
755	Standardwert für Ordner. Nur der Besitzer hat vollen Zugriff.
777	Maximale Rechte und hohes Sicherheitsrisiko.

VORSICHT MIT DER 777!

In Internetforen wird häufig als Problemlösung vorgeschlagen, einfach alle Verzeichnisse und Dateien mit den Rechten 777 auszustatten. Langfristig rächt sich das aber, denn diese Zugriffsrechte können auch von Angreifern genutzt werden. Stellen Sie deshalb niemals pauschal die 777 ein. Und wenn Sie die 777 zur Problemlösung vergeben haben, setzen Sie die Rechte danach wieder auf den Ursprungswert zurück.

3.4   Crashkurs HTML und PHP

HTML (HyperText Markup Language) ist die Sprache des Internets. Sie gibt dem Browser durch **HTML-Tags** Anweisungen dazu, wie er die Texte der Websites darzustellen hat.

Crashkurs HTML

Die kurzen Befehle bestehen aus einem Starttag und einem Abschlusstag. Erkennbar sind sie an den spitzen Klammern, beispielsweise:

```
<h1>Neuer Tanzkurs gestartet</h1>
```

Das Tag `<h1>` definiert eine Überschrift. Das h leitet sich vom englischen Heading ab. Das Abschlusstag `</h1>` mit dem Schrägstrich schließt die Überschrift ab.

In HTML sind sechs Überschriften vorgesehen. `<h1>` definiert die größte, `<h6>` die kleinste. Nach der Überschrift folgt in der Regel der Text. Mit Absätzen lässt er sich gut strukturieren. Sie werden durch das Tag `<p>` definiert. Hier ein Beispiel für eine Kombination aus Überschriften und Absätzen:

```
001   <h1>Neuer Tanzkurs gestartet</h1>
002   <p>Liebe Tanzfreunde, es ist wieder so weit! Unser nächster
      Kurs beginnt am nächsten Montag um 20.00 Uhr.</p>
003   <h2>Anmeldung ab jetzt</h2>
004   <p>Anmeldungen werden ab jetzt entgegengenommen.
      Buchen Sie rechtzeitig, denn Kurse sind schnell belegt</p>
```

Die zweite Überschrift, markiert durch das `<h2>`-Tag, wird etwas kleiner als die erste dargestellt. Als Alternative könnte die Aufforderung zur Anmeldung auch fett dargestellt werden. Dafür steht das Tag `<b>` bereit. Nach dem Ersetzen von `<h2>` durch `<b>` sieht die betreffende Zeile im Quellcode so aus:

```
<b>Anmeldung ab jetzt</b>
```

Es würde den Rahmen dieses Buchs sprengen, auf HTML im Detail einzugehen. Wenn Sie sich näher mit der »Sprache des Internets« befassen möchten, sind zwei Quellen empfehlenswert, nämlich die Webseite *selfhtml.org* und das HTML5-Handbuch von Stefan Münz und Clemens Gull (Franzis Verlag).

HTML und PHP

HTML ist eine statische Sprache. Ihre Grenzen hat sie bei der Verarbeitung von Beiträgen und Kommentaren, die von Besuchern und Administratoren direkt eingegeben und dargestellt werden sollen. Hier kommt **PHP** (Hypertext Preprocessor) ins Spiel. Den Beginn von PHP-Code erkennen Sie an den Zeichen `<?php`, das Ende wird mit `?>` markiert.

Die **PHP-Tags** selbst werden wie bei HTML in spitze Klammern gesetzt, den Abschluss einer PHP-Befehls bildet dann immer noch ein Semikolon (Strichpunkt). Durch `echo` wird PHP angewiesen, etwas auf dem Bildschirm anzuzeigen. Mit diesem PHP-Befehl wird beispielsweise die URL einer Website ausgelesen und angezeigt:

```
<?php echo home_url(); ?>
```

PHP und HTML können auf einer Webseite gemischt werden. Sobald ein einziger PHP-Befehl dabei ist, muss eine Seite unter *.php* abgespeichert werden. In WordPress enden alle Seiten auf *.php*.

3.5   Das CSS-Stylesheet

In WordPress werden, wie in anderen Systemen auch, die meisten HTML-Befehle über eine zentrale **CSS-Datei** genauer definiert. Ob Schriftgrößen, Schriftarten oder Abstände zwischen den Zeilen, das alles steht in der Datei *style.css*. Man könnte diese Definitionen rein technisch gesehen auch direkt in den HTML-Code der vielen einzelnen Seiten packen, dann wären Änderungen allerdings sehr mühsam.

Stylesheet öffnen

Über den Befehl *Design/Editor* öffnet sich nicht etwa der bekannte Editor zur Erstellung von Beiträgen, sondern ein wesentlich schlankeres Tool. In diesem lässt sich Quellcode bearbeiten. Nach dem Aufrufen des Editors ist standardmäßig die Datei *style.css* des aktiven Themes zu sehen. In der rechten Spalte können Sie beides ändern. Am besten kontrollieren Sie vor jeder Änderung, wo Sie sich genau befinden.

Im Bild rechts oben ist bei den Themes das bekannte *Twenty Fifteen* eingestellt. Über ein Drop-down-Menü wechseln Sie das Theme. Darunter finden Sie sämtliche Templates des Themes. Diese bestimmen zum Beispiel das Aussehen der Startseite, einer Beitragsseite oder des Seitenfooters. Auch Templates können im Editor bearbeitet werden. Beginnen sollten Sie aber mit dem *Stylesheet (style.css)*.

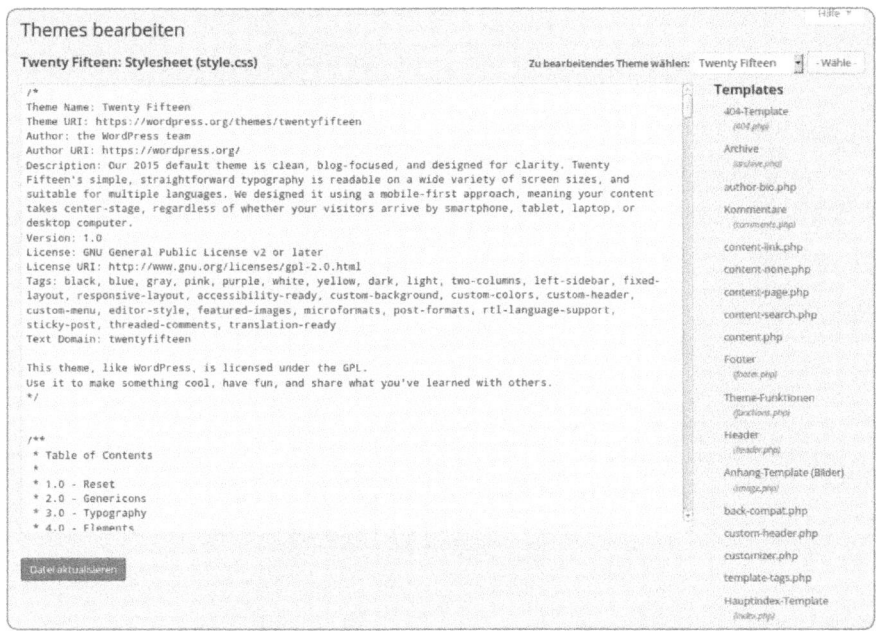

Die Datei *style.css*, auch Stylesheet genannt, lässt sich in einem Editor bearbeiten.

Aufbau des Stylesheets

Wenn Sie etwas nach unten scrollen, zeigt sich der *Table of Contents*, das Inhaltsverzeichnis des Stylesheets.

Die Schrägstriche und Sternchen dienen nicht allein der Optik. Alles zwischen /* und */ sind in einer CSS-Datei keine Befehle, sondern Kommentare. Hier dürfen Sie auch selbst gefahrlos ein paar Grüße an Freunde und Verwandte einfügen. Nichts davon wird technisch weiterverarbeitet.

Themes bearbeiten

Twenty Fifteen: Stylesheet (style.css)

```
/**
 * Table of Contents
 *
 * 1.0 - Reset
 * 2.0 - Genericons
 * 3.0 - Typography
 * 4.0 - Elements
 * 5.0 - Forms
 * 6.0 - Navigations
 *    6.1 - Links
 *    6.2 - Menus
 * 7.0 - Accessibility
 * 8.0 - Alignments
 * 9.0 - Clearings
 * 10.0 - Header
 * 11.0 - Widgets
 * 12.0 - Content
 *    12.1 - Posts and pages
 *    12.2 - Post Formats
 *    12.3 - Comments
 * 13.0 - Footer
 * 14.0 - Media
 *    14.1 - Captions
 *    14.2 - Galleries
 * 15.0 - Media Queries
 *    15.1 - Mobile Large
 *    15.2 - Tablet Small
 *    15.3 - Tablet Large
 *    15.4 - Desktop Small
 *    15.5 - Desktop Medium
 *    15.6 - Desktop Large
 *    15.7 - Desktop X-Large
 */
```

Der *Table of Contents*, das Inhaltsverzeichnis des Stylesheets.

3.6   Themes bearbeiten

Bisher haben Sie Themes nur über grafische Oberflächen angepasst. Aber dank der XAMPP-Testumgebung ist es ja ungefährlich, auch mal selbst am Quellcode herumzuwerkeln. Greifen Sie ein und schneidern Sie Ihr Theme nach Maß!

Schriftart ändern

Vielleicht ist es Ihnen auch schon aufgefallen, dass die Beitragsschriftart im ansonsten sehr modernen *Twenty Fifteen* etwas altbacken wirkt. Diese Serifenschrift »mit Füßchen« ist nicht jedermanns Geschmack. Auf dem Weg der normalen Theme-Einstellungen lässt sich das nicht ändern, im Stylesheet aber schon.

Im Standardtheme *Twenty Fifteen* werden die Beiträge in einer Serifenschrift angezeigt. Das lässt sich ändern.

Typografieeinstellungen

Über *Design/Editor* gelangen Sie in das Stylesheet. Im *Table of Contents* sehen Sie die Typografie als dritten Hauptpunkt angegeben. Scrollen Sie nun etwas herunter. Die zu ändernde Schriftart findet sich in den Definitionen der `textarea`, und zwar in der Zeile `font-family`. Dort wird `"Noto Serif"` festgelegt. Für den Fall, dass diese auf einem Browser nicht vorhanden ist, steht der Zusatz `serif`. Es werden dann andere Serifenschriften angezeigt.

```
/**
 * 3.0 Typography
 */

body,
button,
input,
select,
textarea {
        color: #333;
        font-family: "Noto Serif", serif;
        font-size: 15px;
        font-size: 1.5rem;
        line-height: 1.6;
}
```

An dieser Stelle definiert das Stylesheet die Schriftart in den Beiträgen und anderen Textfeldern.

Das Stylesheet bearbeiten

Vor der Änderung im Code dürfen Sie sich erst einmal in einem Kommentar verewigen, am besten ein bisschen persönlich oder sogar ausfällig. Es geht nämlich darum, geänderte Stellen leicht wiederzufinden. Dokumentiert werden sollte natürlich auch die Änderung selbst.

Im Bild unten wurde die Schriftart Noto serif durch Helvetica Neue ersetzt. Die Änderung ist im Kommentar sauber eingetragen. So lässt sich das Ganze bei Nichtgefallen wieder rückgängig machen.

```
/**
 * 3.0 Typography
 */

body,
button,
input,
select,
textarea {
        color: #333;
        font-family: "Helvetica Neue", Arial,sans-serif;
        font-size: 15px;
        font-size: 1.5rem;
        line-height: 1.6;
}

/* hallihallo - hier war ich!
vorher:
"Noto Serif", serif;
nachher:
"Helvetica Neue", Arial,sans-serif;
*/
```

Die Schriftart wurde ausgewechselt, die Änderung per Kommentar dokumentiert.

Auf dem Bild ist zu erkennen, dass auch andere Anpassungen schnell möglich sind, und zwar für color (Hintergrundfarbe), font-size (Schriftgröße) und line-height (Zeilenhöhe). Sie arbeiten auch wirklich in einer Testumgebung oder in einem Theme, das Sie nicht aktiv einsetzen möchten?

Dann toben Sie sich hier und an anderen Stellen hemmungslos aus. Nicht nur das Stylesheet kann über den Editor geändert werden. Sämtliche zum Theme gehörigen PHP-Dateien (Theme-Templates) dürfen Sie ebenfalls bearbeiten!

Änderungen überprüfen

Nach dem Abspeichern der Änderungen in der Datei *style.css* überprüfen Sie die Beiträge im Frontend. Wie das Bild beweist, wurde die Schriftart erfolgreich geändert. Sieht doch gleich viel moderner aus. Vielleicht haben Sie jetzt Lust auf weitere Änderungen?

Stürzen Sie sich aber nicht vorschnell in die Arbeit, denn es gibt da noch ein Problem! Die Entwickler bringen ihre Themes immer wieder auf den neuesten Stand. Wenn Sie im Dashboard auf den Theme-Update-Button klicken, werden Ihre Änderungen wieder überschrieben. Die Lösung: Child-Themes.

Karten zum Abschlussball

Der große Abschlussball wirft seine Schatten voraus. Musikalisch begleiten wird uns zum ersten Mal das Kaiserorchester! Tickets ab sofort erhältlich!

🗓 5. April 2015   💬 Hinterlasse einen Kommentar   ✎ Bearbeiten

Nach der Anpassung des Stylesheets werden die Beiträge in einer serifenlosen Schriftart angezeigt.

3.7 Child-Themes

Viel Arbeit steckt in der Anpassung eines Themes. Um Updateunfälle zu vermeiden, hat WordPress die Funktion der **Child-Themes** integriert. Ein Child-Theme ist der Ableger eines Themes. Das Besondere dabei ist, dass das Original, sprich das Parent-Theme (Elternthema), nicht verändert wird!

Sie können also nicht nur unbeschwert updaten, sondern auch nach Herzenslust experimentieren, ohne das intakte Parent-Theme zu gefährden. Möglich wird das, indem alle geänderten Dateien in einem separaten Verzeichnis gesammelt werden. Das Child-Theme ersetzt dann die Originaldateien mit den geänderten.

Verzeichnis für das Child-Theme anlegen

Weil sich aus dem Backend kein Verzeichnis für das Child-Theme anlegen lässt, benötigen Sie ein FTP-Programm. Rufen Sie darin den Unterordner *wp/content/themes* auf. Dort liegen die Verzeichnisse aller bereits installierten Themes, darunter auch der Ordner *twentyfifteen*. Legen Sie nun auf derselben Ebene einen neuen Ordner an, zum Beispiel *twentyfifteenchild*. Der Name ist beliebig wählbar, aber Leerzeichen und Umlaute sind natürlich in einem Ordnernamen tabu!

CSS-Datei einfügen

Voraussetzung für das Funktionieren von Child-Themes ist die Verknüpfung über eine CSS-Datei. Legen Sie nun die folgende *style.css* an und laden Sie sie in das leere Verzeichnis *twentyfifteenchild* hoch:

```
001   /*
002   Theme Name: Twenty Fifteen Child
003   Theme-URI: http://www.tanzschule-mustermann.de
004   Author: Mustermann
005   Author URI: http://www.tanzschule-mustermann.de
006   Description: Ableger von Twentyfifteen
007   Version: 1.0
008   Template: twentyfifteen
009   */
010   @import url("../twentyfifteen/style.css");
011   /*Theme Änderungen Beginn*/
012   /*Theme Änderungen Ende*/
```

Alle Zeichen zwischen /* und */ werden in einer CSS-Datei als Kommentare behandelt, gelten also nicht als Befehl. Trotzdem sollten Sie bei den Angaben unter Theme Name und Template sorgfältig vorgehen, denn sie werden von der WordPress-Themes-Verwaltung benötigt.

Entscheidend ist natürlich der Verweis auf das betreffende Parent-Theme in dieser Zeile:

```
@import url("../twentyfifteen/style.css");
```

Die eigentlichen Änderungen in der CSS fügen Sie dann zwischen /*Theme Änderungen Beginn*/ und /*Theme Änderungen Ende*/ ein.

Das Child-Theme in der Themes-Verwaltung

Unter *Design/Themes* wird *Twenty Fifteen Child* nun als ganz normales Theme dargestellt, allerdings ohne Vorschaubild. Dies ist Absicht, damit Parent und Child nicht verwechselt werden. Sie können bequem zwischen dem Original und Ihrer Anpassung hin- und herwechseln und die Änderungen testen.

CHILD-THEME UND PARENT-THEME

Denken Sie immer daran, dass ein Child-Theme ohne das Original nicht lauffähig ist. Mit dem versehentlichen Löschen des Parent-Themes wird auch der Ableger ins Nirwana befördert.

Templates ändern

Nachdem die Änderungen innerhalb der CSS-Datei funktionieren, können Sie das Prinzip auf alle weiteren Dateien eines Themes übertragen.

BEISPIEL

Am unteren Ende aller Ihrer Seiten prangt nach der Installation der fast schon etwas zu auffällige Link *Stolz präsentiert von WordPress*. Laden Sie eine geänderte *footer.php*-Datei in das Child-Themes-Verzeichnis, um diese Eigenwerbung etwas dezenter zu gestalten. Mit einigen Kenntnissen in PHP lassen sich alle Seitenvorlagen (Templates) anpassen, womit sie auch in die Funktionalität der Site eingreifen können.

TEMPLATES FÜR HÄUFIGE BEARBEITUNGEN

header.php	Diese Datei enthält die Metadaten Ihrer Site und den Link zum Stylesheet. Das Design lässt sich hier allerdings nicht verändern.
index.php	Dieses wichtige Template steuert die Darstellung der Beiträge und Seiten. ▶

TEMPLATES FÜR HÄUFIGE BEARBEITUNGEN *(FORTS.)*	
single.php	Verantwortlich für den einzelnen Beitrag.
page.php	Darstellung aller statischen Seiten.
404.php	Hier können Sie eine individuelle Fehlerseite einrichten, um die übliche 404-Meldung zu ersetzen.
sidebar.php	Konfiguration der Seitenleiste, in der die Widgets angezeigt werden.
footer.php	Im unteren Bereich der Seite werden neben dem Link zu WordPress häufig Verweise zu Theme-Herstellern angezeigt.
functions.php	Hier lassen sich zahlreiche Eingriffe zur Änderung oder Deaktivierung von Funktionen vornehmen. Im Theme *Twenty Fifteen* finden Sie freundlicherweise oben im Kommentar einen Hinweis zu denjenigen Funktionen, die Sie mit einem Child-Theme überschreiben dürfen.

3.8   Kommentare mit Disqus ausreizen

Disqus ist kein WordPress-Plugin, sondern ein externes System. Es bietet einerseits eine sitebezogene Kommentarfunktion, andererseits verknüpft es Diskussionsteilnehmer übergreifend. Genutzt wird es nicht nur von vielen WordPress-Sites, sondern auch von regionalen und überregionalen Tageszeitungen. Die Kommentarspalten der Welt, der Frankfurter Rundschau und der Berliner Zeitung setzen auf das Disqus-System. Auch die Webpräsenz des Fernsehsenders Arte greift auf Disqus zurück.

Vorteile für den User

Auch der diskussionsfreudigste Surfer hat irgendwann keine Lust mehr, sich für die Abgabe eines Kommentars auf immer wieder neuen Websites zu registrieren oder auf Freischaltungen von Kommentaren zu warten. Im für den Webmaster schlimmsten Fall lässt er den Kommentar dann bleiben. Die Disqus-User umgehen dieses Problem. Mit einer einmaligen Registrierung bei Disqus haben sie Zugriff auf eine wachsende Zahl von Websites, die dem Disqus-System angeschlossen sind.

Vorteile für den Webmaster

Disqus schmiegt sich auf sehr geschickte Weise in die WordPress-Beiträge. Das Bild zeigt unter dem Eingabefeld mit der Aufforderung *Diskutieren Sie mit...* einen etwas größer eingeblendeten Kommentar. Dieser wurde direkt als Antwort auf einen Beitrag abgegeben. Darunter sind vier weitere Kommentare etwas kleiner eingeblendet, die sich auf andere Beiträge derselben Site beziehen. Durch dieses Prinzip findet der Besucher auch auf neuen Webpräsenzen mit noch wenigen Kommentaren schnell ein Thema zum Mitreden.

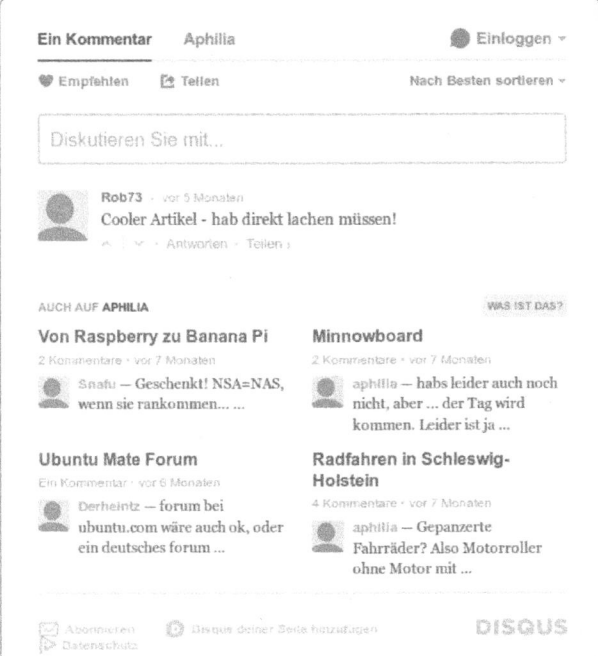

Das Kommentarsystem Disqus im Einsatz.

Mit Klick auf die Namen der anderen Diskussionsteilnehmer landet er auf deren Disqus-Profilen und sieht, was die jenigen auch auf anderen Sites gepostet haben. Das Prinzip funktioniert natürlich auch in der umgekehrten Richtung. Sie können durch die Vernetzung via Disqus Besucher für die eigene Site gewinnen. Zudem können Disqus-Kommentare über die integrierte Schaltfläche *Teilen* auf Facebook, Twitter und Google+ gestreut werden.

Wie gehen die hauseigene Kommentarfunktion und Disqus zusammen? Mischen funktioniert nicht, Sie müssen den Hebel auf Disqus umlegen oder es sein lassen. Es geht aber mit der Umstellung nichts verloren. Jeder Kommentar wird eingelesen. Nach der Umstellung können die Systeme synchronisiert werden. In diesem Fall wird zusätzlich zur Speicherung auf den Disqus-Servern auch die Datenbank von WordPress weiter beschrieben.

Disqus einbauen

Um den Service zu nutzen, müssen Sie zunächst ein Konto bei *www.disqus.com* anlegen und dort Ihre Site oder auch mehrere Projekte registrieren. In Word-Press installieren Sie anschließend ein Plugin, das die Verbindung zu Disqus aufnimmt, zum Beispiel das Disqus Comment System. Nach der Plugin-Aktivierung geben Sie Ihren Disqus-Benutzernamen und das Passwort ein.

Nun sind WordPress und Disqus verbunden. Schon bestehende Kommentare können Sie von Disqus einlesen lassen. Nach der Umstellung erledigen Sie die Kommentarverwaltung nicht mehr im WordPress-Backend, sondern im Moderation-Panel auf Ihrem Disqus-Account.

Disqus-Kritik

Disqus sorgt in den meisten Fällen für mehr Besucher und mehr Kommentare. Kritisch betrachtet wird es aber von einigen Datenschützern. Immerhin gibt der Webmaster mit den Kommentaren einen wesentlichen Teil der Website in dritte Hände. Es ist ein bisschen wie bei Facebook & Co. Man weiß nie ganz genau, was mit den Daten passiert und ob das System nicht doch irgendwann mit Werbung zugemüllt wird.

Auch nicht unerwähnt bleiben soll das Thema Google. Disqus-Kommentare werden zwar von Google erkannt und in den Ergebnisseiten angezeigt, aber bekanntlich ändert der Suchmaschinenriese immer mal wieder seine geheimen Algorithmen.

Sollte es Disqus schaffen, am Kuchen von Facebook, Twitter und Google+ zu nagen, würde sich das System nicht nur Freunde schaffen. Schließlich hat Google ein Interesse daran, hauseigene Dienste zu unterstützen. Dem Aufstieg von Disqus bietet auch Automattic Paroli, die Firma hinter WordPress. Sie übernahm vor einigen Jahren mit IntenseDebate ein Disqus sehr ähnliches Produkt. Allerdings hat es außerhalb der WordPress-Welt wenig Verbreitung gefunden.

3.9   Social Media über Bande spielen

Von den vielen Social-Media-Diensten gibt es drei, die Sie in die engere Auswahl nehmen sollten: Facebook, Google Plus und Twitter. Zu Facebook muss man nichts mehr sagen. Es ist das Social Network. Als es zu dominant wurde, hat Google sein Gegenstück Google Plus auf den Markt geworfen. Im Gegensatz zu Facebook finden sich dort eher technisch orientierte User ein. Vernachlässigen sollten Sie Google Plus aber auch dann nicht, wenn Sie keine Technikseite betreiben. Die Google-Suchmaschine freut sich natürlich über Sites, die mit dem hauseigenen Produkt zusammenspielen.

Der Dritte im Bund ist der Kurznachrichtendienst Twitter. Hier treffen Sie auf Spaßvögel, Reporter, Autoren, Philosophen und gelangweilte Hausfrauen. Twitter kann man nur lieben oder lassen. Wenn Sie auf Katzenbilder, Einhörner und Nutella allergisch reagieren, sollten Sie Twitter meiden! Falls Sie die Mixtur lieben, bauen Sie sich dort Follower auf. Ach ja, es gibt über die Twitterer diesen berühmten Satz: »Die einen wollen mehr Follower, die anderen lügen.«

Mit dem richtigen Kniff spielen Sie das Social-Media-Game über Bande: WordPress streut Ihre Beiträge in die Networks, um dort den Aufbau einer Followerschaft zu unterstützen. Und aus genau diesem Pool holen Sie Besucher auf die eigene Website.

Beiträge streuen

Ökonomisch vorteilhaft ist es, Beiträge schon gleich beim Erstellen in WordPress auch auf die Social Networks zu streuen – natürlich mit Links zur WordPress-Website, auf der die Besucher dann nähere Informationen erhalten. Gut realisieren lässt sich diese Methode durch das Plugin **Jetpack**. Installieren Sie Jetpack zunächst ganz normal über die Plugin-Verwaltung.

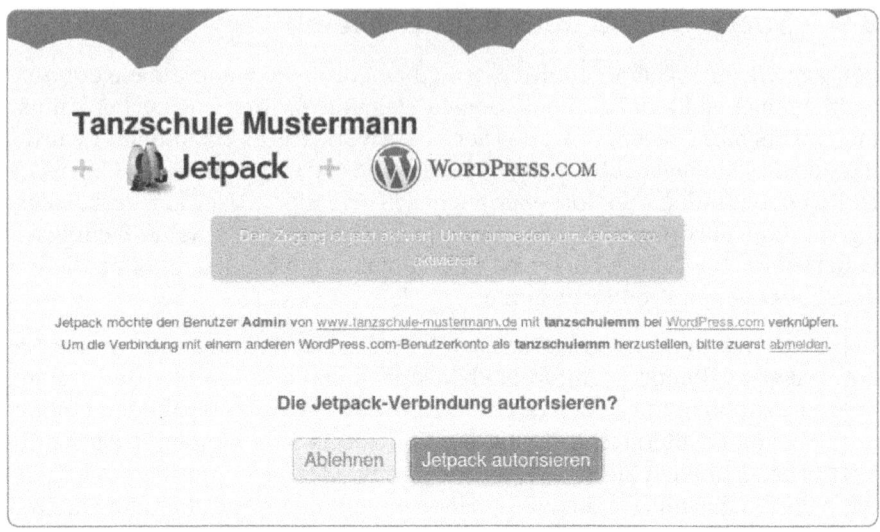

Das Plugin *Jetpack autorisieren.*

Nach der Installation führt Sie Jetpack auf die Seite *WordPress.com*, wo Sie die Jetpack-Verbindung autorisieren müssen. Voraussetzung hierfür ist ein Account bei *WordPress.com*. Hatten Sie WordPress schon einmal ohne Installation dort getestet, haben Sie bereits ein Konto. Falls nicht, ist es schnell angelegt.

Jetpack konfigurieren

Jetpack ist so umfangreich, dass man darüber ein eigenes Buch schreiben könnte. Im Backend nistet es sich nach der Installation gleich ganz oben im Dashboard ein. Für das Streuen von Beiträgen wählen Sie die Schaltfläche *Publicize.*

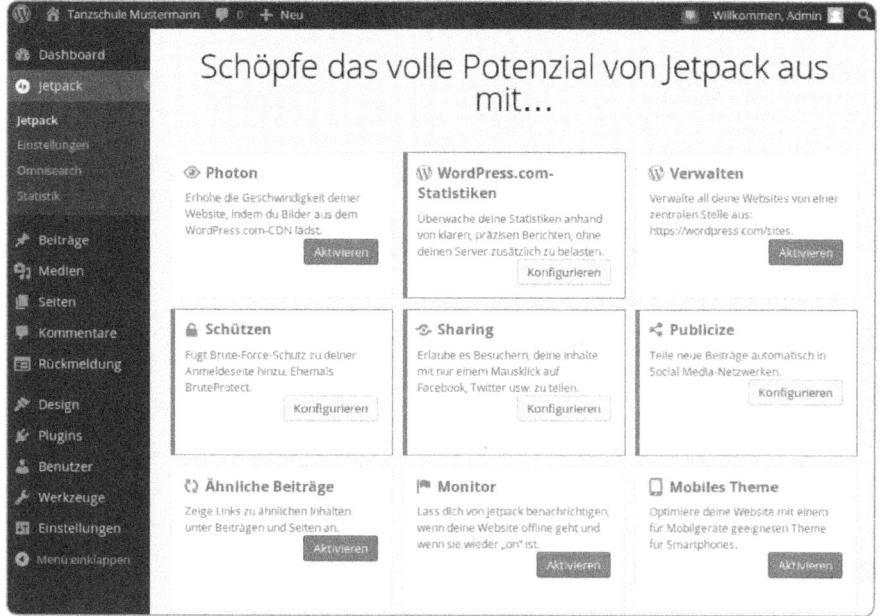

Hier können Sie das volle Potenzial von Jetpack ausschöpfen oder nur auf *Publicize* gehen. Dort wird die Streuung der Beiträge konfiguriert.

Netzwerke anschließen

Prüfen Sie zunächst, ob Sie über Ihren Browser bei Facebook & Co. eingeloggt sind, also bei allen Diensten, bei denen Sie einen Account besitzen. In den Sharing-Einstellungen von Jetpack finden Sie dann die wichtigsten Networks. Klicken Sie auf *Verbinden*, um ein Network hinzuzufügen. Ab dann gilt: Mit dem Erstellen eines Beitrags streuen Sie ihn parallel in alle angeschlossenen Kanäle.

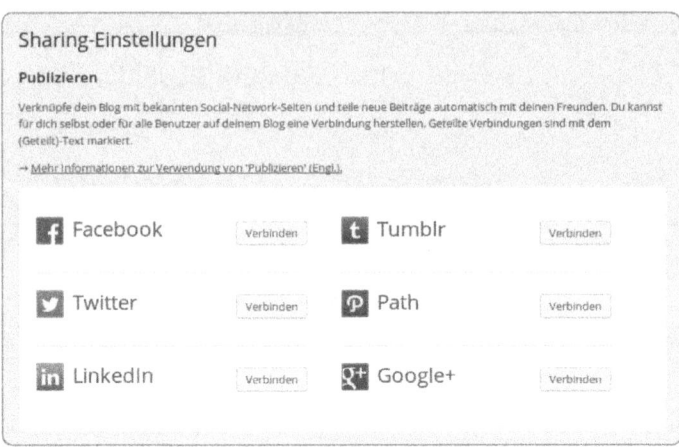

Let's work together! Hier werden die Networks verknüpft.

Halb automatisches Publizieren

Wenn Sie einen Social-Media-Account ausschließlich dazu verwenden, Ihre WordPress-Beiträge zu streuen, wird er für die Followerschaft schnell uninteressant. Besser ist es, automatisierte Postings und Tweets mit den echten in einem vernünftigen Verhältnis zu mischen.

Letztere sollten das Übergewicht haben! Ein bisschen Mogeln ist aber erlaubt. Jetpack bietet unter *Einstellungen* ein interessantes Feature, um automatisierte Beiträge natürlicher aussehen zu lassen. In einem Zusatzfeld können benutzerdefinierte Nachrichten verschickt und WordPress-Text ein bisschen geändert werden.

Benutzerdefinierte Nachrichten schicken und Beiträge ändern.

3.10   Making Money

Ihre WordPress-Website ist gut besucht? Dann können Sie auch ohne einen Webshop Geld verdienen. Der einfachste Weg führt über Google AdSense, das Anzeigenprogramm des Internetgiganten Google.

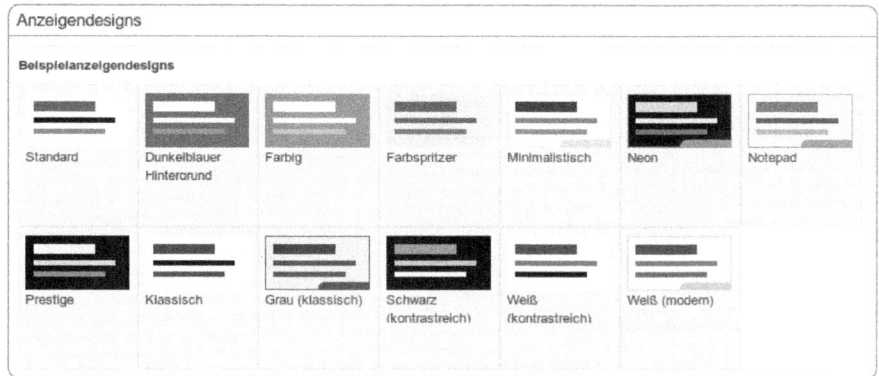

Mit Google lässt sich Geld verdienen. Im AdSense-Backend stehen verschiedene Anzeigendesigns zur Auswahl.

Die Datenkrake Google weiß viel über Webmaster und Surfer. Sie analysiert sowohl die Inhalte Ihrer Webseite wie auch das Such- und Surfverhalten Ihrer Besucher – und bringt zusammen, was zusammengehört. Auf Ihrer Website zum Thema Wintersport erscheint dann zum Beispiel eine Anzeige eines Snowboardshops. Klickt der User auf diese Seite, bezahlt der Snowboardshop zum Dank für die Weiterleitung einen Betrag an Sie – und eine Provision an Google.

MAKING MONEY

Wenn Sie mit Ihrer WordPress-Site und Google AdSense Geld verdienen wollen, ist die Besucherzahl Ihrer Website entscheidend. Unter 100 Besuchern am Tag lohnt es sich generell nicht, z. B. Google AdSense einzusetzen. Der Ertrag liegt dann nur bei wenigen Cents. In der Aufbauphase eines Blogs sollten Sie deshalb auf Werbung verzichten. ▸

MAKING MONEY (FORTS.)

Bei 100 bis 1.000 Besuchern am Tag ist Google AdSense eine gute Möglichkeit, die monatlichen Providergebühren wieder einzuspielen – plus einige Biere in der Lieblingskneipe auf Googles Rechnung zu bestellen.

Bei mehr als 1.000 Besuchern am Tag lohnt sich AdSense mit Sicherheit. Derzeit schüttet Google Einnahmen ab 70 Euro aus. Bei einem Tagesschnitt über 2,30 Euro erhalten Sie einen monatlichen Zusatzverdienst von knapp über 70 Euro aufs Konto. Dieses Geld muss natürlich auch in Ihrer jährlichen Steuererklärung angegeben werden.

Lukrative Themen für AdSense

Als Nerd ist man immer etwas über die Undankbarkeit der Welt enttäuscht. Die Betreiber ehrlicher Technikblogs wissen ein Lied davon zu singen. Die gut informierte Stammleserschaft diskutiert zwar gern über das neueste Open-Source-Projekt, weiß aber auch den AdBlocker einzusetzen. Deswegen braucht es immer etwas »Trash«, um die Kasse klingeln zu lassen. Schreiben Sie nicht zu abgehoben und zwischendurch auch zu Trends und Promis.

AdSense makelt zwischen Ihnen und Anzeigenkunden, die zumeist etwas verkaufen oder eine Dienstleistung anbieten möchten. Mit Beiträgen über hochpreisige Camcorder, High-End-Audio oder Luxusreisen locken Sie auch die entsprechenden Geldgeber an. Praxisnahe Tipps ziehen eine technisch weniger versierte »Laufkundschaft« auf Ihr Blog, die gern mal auf die eine oder andere Anzeige klickt. Immer gelesen (und verlinkt) werden Artikel mit der richtigen Mischung aus Ratschlag und Romantik, beispielsweise so etwas: »Hochzeitszeitung mit OpenOffice gestalten«.

Bei AdSense angenommen werden

Um bei AdSense angenommen zu werden, brauchen Sie zunächst ein Google-Konto. Das haben Sie bereits, wenn Sie zum Beispiel bei YouTube, Google Plus, Google Analytics oder den Google Webmastertools angemeldet sind. Für den unwahrscheinlichen Fall, dass Sie noch kein Konto besitzen, erstellen Sie eines. Aber auch nur dann. Ein Zweitkonto ist nämlich nicht erlaubt und könnte Sie bei der Aufnahme in AdSense in Schwierigkeiten bringen.

AdSense-Plugins

Die Platzierung der AdSense-Anzeigen innerhalb von WordPress lässt sich am besten mit Plugins realisieren. Weit verbreitet sind Easy Plugin for AdSense und Now! plugin for AdSense. Das Google AdSense Click-Fraud Monitoring Plugin blendet Anzeigen aus, falls ein Besucher mehrmals draufklickt. Solche Mehrfachklicks werden von Google als ungültige Klicks gewertet und nicht gezählt. Wer Angst hat, deswegen bei Google in Misskredit zu geraten, kann dem also einen technischen Riegel vorschieben. Notwendig ist es aber nicht, denn Google unterscheidet sehr präzise zwischen Mehrfachklicks und gezieltem Klickbetrug.

Und dann gibt es noch ein ganz amtliches Plugin mit dem wenig originellen Namen Google AdSense. Hersteller ist Google selbst. Vorteil: Wenn Sie automatisierte mobile Anzeigen aktiviert haben, passt sich das Anzeigenlayout dem Display Ihrer Besucher an!

Selbstvermarktung

Es muss nicht immer Google sein. Wenn Sie ein gutes Blog schreiben, werden früher oder später seriöse (und eventuell auch unseriöse) Geschäftspartner an Sie herantreten, um Beiträge ihrer Auftraggeber gegen Bezahlung unterzubringen. Bei dieser Art von Beiträgen wird zwischen Advertorials und gesponserten Artikeln unterschieden. Im ersten Fall verlinkt die Tanzschule Mustermann in einem Beitrag zu geeigneten Tanzschuhen »nebenbei« zum passenden Onlineshop.

Im zweiten Fall verläuft die Trennung von Redaktion und Werbung presserechtlich sauberer. Weil der Beitrag als gesponserter Artikel gekennzeichnet ist, weiß der Besucher sofort, wie »neutral« der Schreiberling berichtet. Es bleibt Ihnen überlassen, welche Werbeform Sie bevorzugen und welchen Preis Sie dafür aushandeln. Beliebt sind auch Gewinnspiele. In diesem Fall verlost Ihre Website etwas, das von dritter Seite zur Verfügung gestellt wird.

3.11   Suchmaschinenoptimierung (SEO)

Wer bei Google schlecht gefunden wird, führt seine Website nach dem Flaschenpostprinzip: Mit viel Glück stößt ein Mensch darauf. In den Sternen steht, ob er es weitersagt. Besser ist es, auf den Ergebnisseiten von Google bei den entscheidenden Suchanfragen auf den vorderen Rängen zu stehen.

SEO-Einstellungen innerhalb von WordPress

Kontrollieren Sie zunächst unter *Einstellungen/Lesen/Sichtbarkeit* für Suchmaschinen, ob dort ein Haken gesetzt ist, der die Suchmaschinen prinzipiell von der Indexierung abhält. Falls ja, weg damit! Nur dann werden Ihre Inhalte überhaupt aufgenommen!

Als besonders relevant stuft Google den Seitentitel und den Untertitel ein. Unter *Einstellungen/Allgemein* können Sie beides ändern. Um Google nicht zu verwirren, sollten Sie das allerdings nicht zu oft tun. Am besten ist es, gleich nach der Installation möglichst aussagekräftige Begriffe zu wählen, die mit der Site-URL und der Thematik des Projekts im Einklang stehen.

GUTE ÜBERSCHRIFTEN, GUTE TEXTE

Im nicht so ganz gehobenen Printjournalismus werden interessante Headlines gern mit Begriffen wie »Neu« oder »Wahnsinn« angereichert. Für Google sind solche Füllwörter völlig wertlos. Schreiben Sie als Headline zum Salsakurs also nicht »Wahnsinn: hier grooven alle«, sondern »Salsa: Kurs für Anfänger«. Damit sind diejenigen Begriffe untergebracht, die Interessierte in den Suchmaschinen eingeben.

Beim Schreiben sollten Sie Google generell im Hinterkopf haben. Die Begriffe aus der Headline dürfen gerne noch ein paar Mal im Text auftauchen, natürlich ohne die Sache zu übertreiben. Der Leser merkt recht schnell, wenn ein Text zu sehr auf Google getrimmt wurde – und Google selbst übrigens auch.

Wichtig ist, dass alles zusammenpasst: Überschrift, Text, Bild, Kategorien und Schlagwörter. Längere Texte gliedern Sie am besten mit Zwischenüberschriften. Damit helfen Sie nicht nur Google bei der Indexierung, Sie verhindern auch, dass Ihre Besucher abspringen, bevor sie den Text zu Ende gelesen haben.

Beispiel: Titel *Tanzschule Mustermann* und Untertitel *Tanzen macht Spaß*.

Auf keinen Fall sollten Sie darauf verzichten, die Permalinks umzustellen und die Basis für Kategorien und Schlagwörter zu definieren.

Backlinks gewinnen

Eine Website wird bei Google hoch bewertet, wenn sie über Backlinks verfügt, also von anderen Seiten verlinkt wird. Allerdings achten die Suchmaschinen dabei auf Qualität. Es nützt Ihnen wenig, wenn es sich um schlecht besuchte oder fachfremde Seiten handelt. Kommen Sie also nicht auf die Idee, bei dubiosen Anbietern Links zu kaufen oder sich in sogenannte Linkkataloge einzutragen. Im schlimmsten Fall werden Sie dabei von Google ertappt und verschwinden ganz aus den Ergebnislisten.

Sinnvoll ist immer eine gegenseitige Verlinkung thematisch verwandter und seriöser Seiten, entweder direkt oder über Kommentare. Es spricht nichts dagegen, als Webmaster der Tanzschule Mustermann qualitativ hochwertige Kommentare auf anderen Blogs zu verfassen und dabei auch auf die eigene Webpräsenz zu verweisen. Es sollte allerdings nicht bei der direkten Konkurrenz angeklopft werden. Als Webpartner für die Tanzschule besser geeignet sind sicherlich Websites zu Ballbekleidung, Musik und Hochzeiten.

SEO-Plugins

Als Standard-Plugins für SEO gelten das oben vorgestellte Jetpack und WordPress SEO by Yoast. Sie sollten aber nicht mehrere SEO-Plugins parallel verwenden. Die Einstellungsmöglichkeiten sind ohnehin recht ähnlich. Alle SEO-Plugins bieten die Möglichkeit, Metadaten hinzuzufügen, die die Suchmaschinen mit Zusatzinformationen versorgen, zum Beispiel die Meta-Description. Der dort eingegebene Text, eine Zusammenfassung von Beitrag oder Seite, erscheint dann in den Suchergebnissen. Verlassen kann man sich aber nicht darauf, da Google seine Algorithmen bekanntlich immer wieder ändert.

Responsive-Webdesign-Check

Auf der Seite *www.google.de/webmasters/tools/mobile-friendly/* haben Sie die schnellste und beste Möglichkeit, Ihre Site auf Responsive Webdesign zu testen. Hier zeigt sich, ob das eingesetzte Theme die Kriterien erfüllt:

- Anpassung des Layouts an das Gerät des Benutzers.

- Ausblenden von Elementen.

- Touch-Elemente nicht zu dicht beieinander.

- Keine zu kleinen Schriftgrößen.

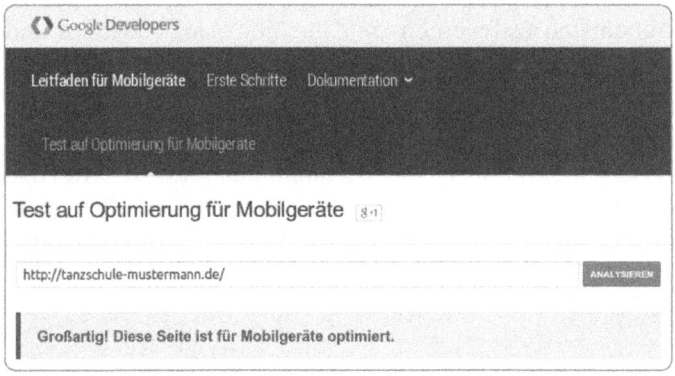

Die Tanzschule Mustermann hat den Responsive-Webdesign-Check bestanden.

Falls diese Kriterien nicht erfüllt sind, werden mobile Besucher Ihre Site als wenig userfreundlich empfinden und schnell wieder abspringen. Die kurze Verweildauer einer großen Zahl von Usern führt dazu, dass Sie bei Google nach hinten rutschen. Machen Sie hier keine Kompromisse. Wenn das Theme nichts taugt, muss es weg.

PS: Die Website der Tanzschule Mustermann hat den Test mit dem Theme *Twenty Fifteen* gemeistert. Dass sich dieses Theme an die Endgeräte anpasst, erkennen Sie schon beim groben Blick aufs Stylesheet. Die unten angegebenen Media Queries regeln die Darstellung auf verschiedenen Bildschirmgrößen.

3.12   WordPress wasserdicht machen

Durch seine einfache Benutzbarkeit hat sich WordPress zum Standard etabliert. Die Entwickler verweisen stolz auf über 60 Millionen Installationen. Leider ist diese Verbreitung Segen und Fluch zugleich. Auch die Schreiber von Schadcode und andere Schurken haben WordPress als Ziel entdeckt. Eine hundertprozentige Sicherheit gibt es zwar nie, aber mit den folgenden Maßnahmen schalten Sie die größten Schwachstellen aus.

Sichere Passwörter

Ob FTP, MySQL oder WordPress-Log-in, verwenden Sie für alle Bereiche sichere und unterschiedliche Passwörter. Der Verwaltungsaufwand hält sich mit dem Anlegen einer Liste in Grenzen. »Haus«, »Maus« und »123456« sind des Angreifers Lieblinge. Tabu ist alles, was im Duden steht. Die besten Passwörter bestehen aus einer Mischung von Klein- und Großbuchstaben, Zahlen und Sonderzeichen.

Sichere Namen

Angreifer probieren nicht nur bei den Passwörtern, sondern auch bei den Namen gern Standardbegriffe aus, um in das System einzudringen. Denken Sie daran beim Anlegen von Datenbanken (falls Sie den Datenbanknamen selbst definieren können) und Installationsverzeichnissen. Achtung: Bei nachträglichen Änderungen müssen Sie auch die Konfigurationsdatei bzw. die Zuordnungen im Backend des Providers ändern.

Administrator Nummer 2 ersetzt Nummer 1

Legen Sie einen zweiten Administrator-Account an und löschen Sie danach den ersten – für den Sie wahrscheinlich den wenig sicheren Namen Admin vergeben haben. Genau in dieser Reihenfolge, denn sonst sperren Sie sich aus!

In der Benutzerverwaltung haben Sie die Möglichkeit, weitere Benutzer anzulegen. Wählen Sie sich einen passenden Namen aus, zum Beispiel »Tanzlehrer«. Weisen Sie dem neuen Profil die Rolle »Administrator« zu. Loggen Sie sich dann als Admin aus und als Tanzlehrer wieder ein. Hat alles geklappt, und sind Sie auch wirklich als Administrator eingetragen? Dann hat der bisherige Admin, der als User mit der ID #1 ein beliebtes Angriffsziel bietet, seine Schuldigkeit getan. Er kann gelöscht werden.

BLEIBEN SIE SCHLANK!

Der Speck muss weg. Deaktivieren Sie Funktionen, die Sie nicht benötigen, und deinstallieren Sie überflüssige Themes und Plugins. Sie verwenden WordPress als CMS und benötigen die Kommentarfunktion nicht? Dann schalten Sie sie generell ab. Tabu beim Löschen von Themes sind nur das aktive Theme, das Standardtheme und eventuelle Parent-Themes.

Spam-Schutz für Kommentare

Verhindern können Sie Spam nur, indem Sie Kommentare und Trackbacks (angezeigte Links auf Ihre Site) komplett abschalten. Die Spam-Versender arbeiten mit automatisierten Programmen. Sie haben alle WordPress-Installationen im Visier – und ganz besonders die neuen. Unverzichtbar ist ein Spam-Schutz-Plugin wie Antispam Bee oder Akismet. Unter *Einstellungen/Diskussion* sollten Sie den Haken vor *muss der Kommentar manuell bestätigt werden* setzen, falls Sie Ihre Site nicht täglich administrieren.

Alle Updates mitnehmen

Seit Version 3.7 verfügt WordPress über eine automatische Updatefunktion, allerdings nur für die kleinen Sicherheitsaktualisierungen. Hauptversionen, Themes und Plugins sollten Sie immer auf dem neuesten Stand halten. Im Dashboard finden Sie unter *Aktualisierungen* eine Übersicht aller Komponenten, die von den Herstellern in einer neuen Version vorliegen.

ACHTUNG!

Verwenden Sie Child-Themes, falls Sie Theme-Änderungen im Quellcode vornehmen.

Restriktive Rechtevergabe

Über einen FTP-Client können Sie die Zugriffsrechte für Verzeichnisse und Dateien festlegen. Setzen Sie die Rechte so restriktiv wie möglich.

Information ist alles

Auf Webseiten wie *www.heise.de* oder *www.wpde.de* finden Sie immer wieder Berichte über Sicherheitslücken in WordPress, nicht selten in Verbindung mit einem bestimmten Plugin. Dokumentiert wurden auf diesen Seiten in der jüngeren Vergangenheit die (inzwischen behobenen) Sicherheitslücken von WP-Slimstat, Custom Contact Forms und Slider Revolution. Überprüfen Sie, ob Sie betroffen sein können, und aktualisieren oder löschen Sie gegebenenfalls das Plugin. Wertvolle Informationen zum Thema Sicherheit erhalten Sie auch in WordPress-Regionalgruppen, sogenannten Meetups.

Technik ist nicht alles

Wenn Sie von einem vertrauensvoll wirkenden Anrufer »aus dem Serverraum« zur Übermittlung Ihrer Zugangsdaten aufgefordert werden, obwohl Sie gar keinen Serverraum besitzen, müssen Sie auf der Hut sein. Gegen diese Masche des Social Engineering ist keine noch so gute Technik gewappnet. Prüfen Sie die Identität von Anrufern, Mailversendern und Menschen in Arbeitskleidung vor Ihrer Bürotür. Warnen Sie auch Ihre Mitarbeiter vor der Preisgabe vertraulicher Informationen!

3.13   Lösungen zu Fehlermeldungen

Error Establishing a Database Connection

Diese häufige Fehlermeldung wird angezeigt, wenn die Datenbank nicht richtig verknüpft wurde. Jetzt heißt es, die Datei *wp-config.php* noch einmal zu überprüfen. Stimmen die vier eingetragenen Zugangsdaten? Vielleicht haben Sie auch die Passwörter verwechselt, oder bei der Groß- und Kleinschreibung hat sich ein Fehler eingeschlichen.

Lösung: Gehen Sie noch einmal alle Verbindungsdaten durch. Sind Sie unsicher bei der Serveradresse `'DB_HOST'`, dem letzten der vier Werte? Probieren Sie auf gut Glück `localhost`. Grundsätzlich falsch ist es, hier ein *http://* oder *www* voranzustellen.

Tragen Sie die richtigen Werte ein und laden Sie die *wp-config.php* noch einmal hoch. Dabei überschreiben Sie die nicht funktionierende *wp-config.php*.

Weißer Bildschirm zeigt Fatal Error

In manchen Fällen kommt es vor, dass nach der Aktivierung eines Plugins ein weißer Bildschirm mit etwa dieser Fehlermeldung auftaucht: »Fatal Error: Allowed Memory Size of 12345 Bytes exhausted«. Die Anzahl der Bytes ist hierbei unterschiedlich.

Was steckt dahinter? Einige Plugins benötigen besonders viel Speicher, Shop-Plugins zum Beispiel oder Galerien beim Erzeugen von Thumbnails. Die Provider begrenzen aber den Arbeitsspeicher für Ihren Webspace durch ein PHP-Memory-Limit. Um das Problem zu lösen, gibt es diese Möglichkeiten:

● Verzicht auf das Plugin.

● Wechsel des Providers.

● Hochsetzen des PHP-Memory-Limits durch den Provider.

● Sie selbst setzen das PHP-Memory-Limit herauf.

Für letzteren Fall, das eigenmächtige Heraufsetzen, gibt es zwei Alternativen: entweder per *.htaccess* oder per *wp-config.php*.

Per *.htaccess*: Im Hauptordner befindet sich die Datei *.htaccess*. Falls Sie sie nicht sehen, klicken Sie in Ihrem FTP-Programm auf *Versteckte Dateien anzeigen*. Fügen Sie in einem Texteditor diese Zeile hinzu:

```
php_value memory_limit 128M
```

Per *wp-config.php*: Ergänzen Sie die *wp-config* durch diesen Code:

```
define ('WP_MEMORY_LIMIT', '128M');
```

Ob das eigenmächtige Heraufsetzen des PHP-Memory-Limits funktioniert, hängt von Ihrem Provider ab. Es kann sein, dass Sie nach der eigenmächtigen Änderung des PHP-Memory-Limits eine Fehlermeldung erhalten. Merken Sie sich also, an welcher Stelle Sie etwas geändert haben, damit Sie die Änderung rückgängig machen können.

Nach Update kein Zugriff auf das Backend

Nach einem WordPress-Update gelangen Sie nicht mehr ins Backend. Möglicherweise liegt das daran, dass einige Plugins mit der neueren WordPress-Version Probleme haben. Wie schalten Sie diese nun ohne einen Backend-Zugriff aus?

Lösung: Starten Sie Ihr FTP-Programm. Klicken Sie auf das Plugin-Verzeichnis und benennen Sie es um, beispielsweise in _plugins. Durch den zugefügten Unterstrich oder eine andere Namensänderung sind jetzt alle Plugins aus dem System ausgehängt. Gehen Sie dann ins Backend. Jetzt benennen Sie das Plugin-Verzeichnis wieder mit dem ursprünglichen Namen und deaktivieren verdächtige Plugins.

Falls Sie trotz der Umbenennung des Plugin-Verzeichnisses nicht ins Backend gekommen sind: Löschen Sie die Cookies aus Ihrem Browser oder probieren Sie den Zugriff von einem anderen Browser oder einem anderem Betriebssystem.

Datei nicht beschreibbar

»Um diese Datei zu ändern, muss sie beschreibbar sein.« Diese Meldung kann auftauchen, wenn Sie Medien hochladen, Updates durchführen oder ein Theme editieren möchten. Die Ursache für diese Meldung liegt bei Ihrem Provider. Dieser hat die Sicherheitseinstellungen so restriktiv vergeben, dass Sie im betreffenden Ordner keine Änderungen vornehmen können. Schlecht ist das nicht, denn es dient der Sicherheit Ihrer Installation!

Lösung: Schicken Sie also keine böse E-Mail an den Support, sondern ändern Sie kurzfristig die Zugangsrechte der betroffenen Datei über Ihren FTP-Client.

Verzeichnis nicht beschreibbar

WordPress kann das Verzeichnis *04* nicht in der Mediathek erstellen, da im übergeordneten Verzeichnis, im Parent Directory, nur die Schreibrechte 755 zugeteilt sind.

Lösung: Ändern Sie per FTP die Rechte des Ordners *wp-content/uploads/2015* kurzfristig auf 777. Dann probieren Sie den Upload noch einmal. Das Verzeichnis wird jetzt automatisch erstellt, und anschließend wird das Bild hochgeladen. Danach setzen Sie die Rechte des Parent Directory wieder auf den Ursprungswert (in diesem Beispiel 755) zurück.

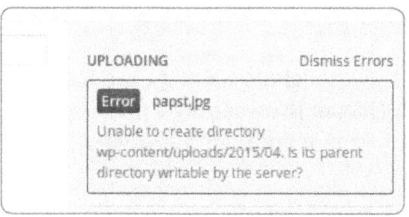

Nicht einmal ein Bild des Papsts kann in die Mediathek hochgeladen werden. Das Anlegen des Verzeichnisses wird erst durch eine Rechteänderung ermöglicht.

Dateirechte mehrer Ordner und Dateien gleichzeitig ändern

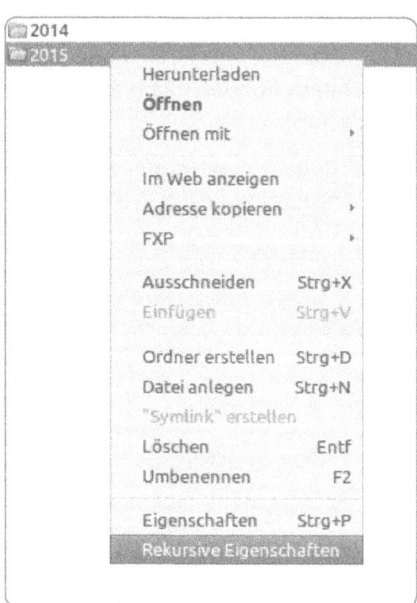

Sie können über *Rekursive Eigenschaften* auch mehrere Ordner oder Dateien gleichzeitig ändern. Auch hier führt der Weg wieder über den FTP-Client, wie auf Seite 119 beschrieben. Klicken Sie zunächst auf das Kontextmenü des betreffenden Ordners, zum Beispiel den Ordner 2015 für die Bilderverwaltung. Sie finden ihn unter: */wp-content/ uploads/*

Im FTP-Client markiert ist hier der Ordner */wp-content/uploads/2015*. Mit einem Klick auf *Rekursive Eigenschaften* öffnen Sie eine komfortable Möglichkeit zur Rechteänderung.

Standardrechte für Ordner und Dateien vergeben

Die Rechte des markierten Ordners und aller seiner Unterordner und Dateien lassen sich im rekursiven Modus mit einem einzigen Klick ändern. Eine sinnvolle Rechtevergabe ist 755 für den Ordner 2015 und alle darin enthaltenen »Monatsordner« 01,02,03, usw. In diesen lagert WordPress alle Dateien der Mediathek. Weil Dateien nur die Rechte 644 erhalten sollen, müssen sie in einem Extradurchgang bearbeitet werden.

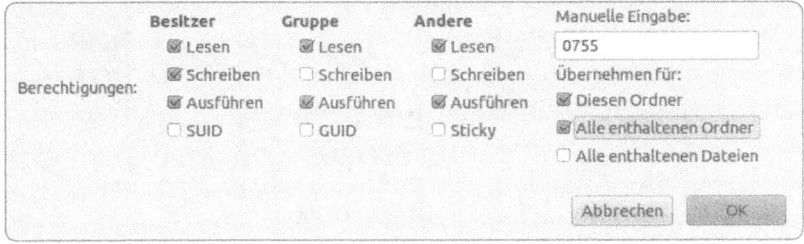

In der Checkbox ausgewählt sind *Dieser Ordner* und *Alle enthaltenen Ordner*. Mit *OK* wird in der Rechteverwaltung in der Mediathek aufgeräumt. Für *Alle enthaltenen Dateien* ist ein zweiter Durchgang mit der Vergabe 644 sinnvoll. Nach der Prozedur sind die Standardwerte wieder hergestellt: *Ordner 755 / Dateien 644*.

RESSOURCEN

WordPress.org

www.wordpress org – die Hauptseite der WordPress-Entwickler.

WordPress.com

www.wordpress.com – WordPress zum Ausprobieren und für die Freischaltung des Jetpack-Plugins.

wpde.de

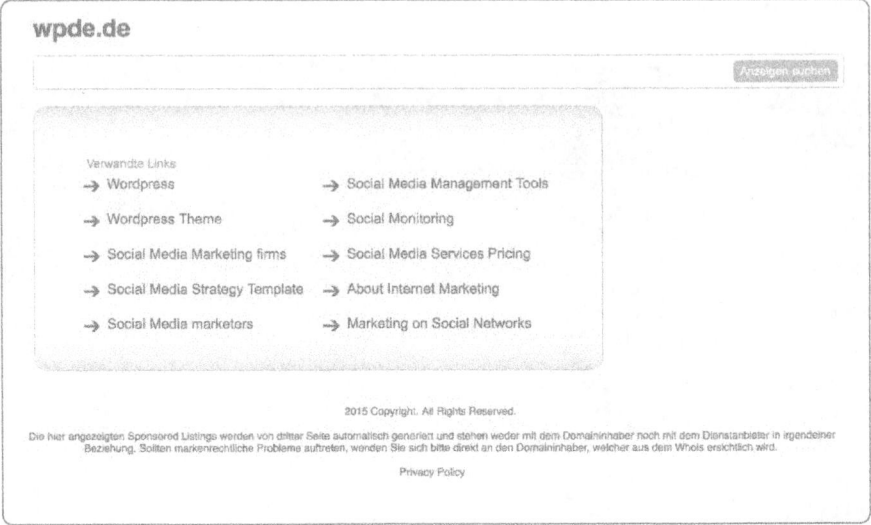

www.wpde.de - WordPress Deutschland, empfohlene Downloadseite.

Google Developers

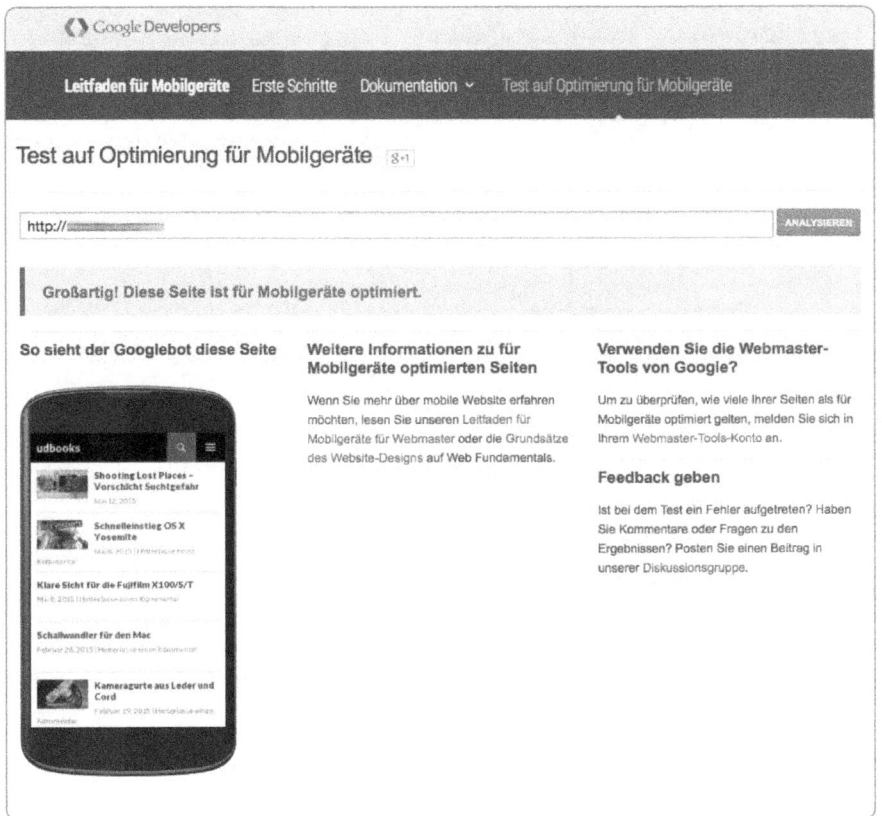

www.google.de/webmasters/tools/mobile-friendly/ - die Testseite von Google zum Responsive Webdesign.

Deutsche WordPress-Community

plus.google.com/103843447772110127232/posts – die deutsche WordPress-Community auf
Google Plus.

INDEX